◉文と写真
はるやまひろぶみ

東武鉄道 てくてく日帰り散歩旅

Tobu Railway one day walking around trip
Text & Photo by Hirobumi Haruyama

彩図社

亀戸駅（東武亀戸線）

亀戸天神社の太鼓橋

「亀戸ぎょうざ」の餃子と老酒

東向島駅（東武スカイツリーライン）

「東武博物館」でレトロスペクティブな車輌に出会う

緑に包まれる「向島百花園」

大山駅（東武東上線）

ハッピーロード大山商店街

水茄子で一杯

東京 Tokyo

浅草駅（東武スカイツリーライン）

ミャンマー人板前の本格寿司（「寿司令和」）

縁結びのご利益がある という「今戸神社」

北千住駅（東武スカイツリーライン）

▲お化け煙突のモニュメント

◀隅田川の向こうにスカイツリーの姿

大師前駅（東武大師線）

食べると出世する？　「河村屋」のいなり

見事な装飾の西新井大師の山門

埼玉 Saitama

大宮公園駅（東武アーバンパークライン）

大宮公園のミニ遊園地（上）と氷川神社の巨木（右）

川越駅（東武東上線）

◀「一貫」のうな重

草加駅（東武スカイツリーライン）

『おくのほそ道』の風景地、草加松原

高坂駅（東武東上線）

食べ放題の武蔵野うどん

「こども動物自然公園」のペンギン

千葉、群馬、栃木 Chiba, Gunma, Tochigi

鬼怒川温泉駅 (東武鬼怒川線)

鎌ケ谷駅 (東武アーバンパークライン)

鎌ヶ谷スタジアムで野球観戦▲

◀鬼怒川温泉のゆるキャラ？ 鬼怒太

館林駅、茂林寺前駅 (東武伊勢崎線)

ユーモラスなタヌキがお出迎え

足利市駅 (東武伊勢崎線)

足利織姫神社のカラフルな鳥居

東武宇都宮駅 (東武宇都宮線)

大迫力の大谷資料館

東武日光駅 (東武日光線)

写真映えする神橋

東武鉄道路線図

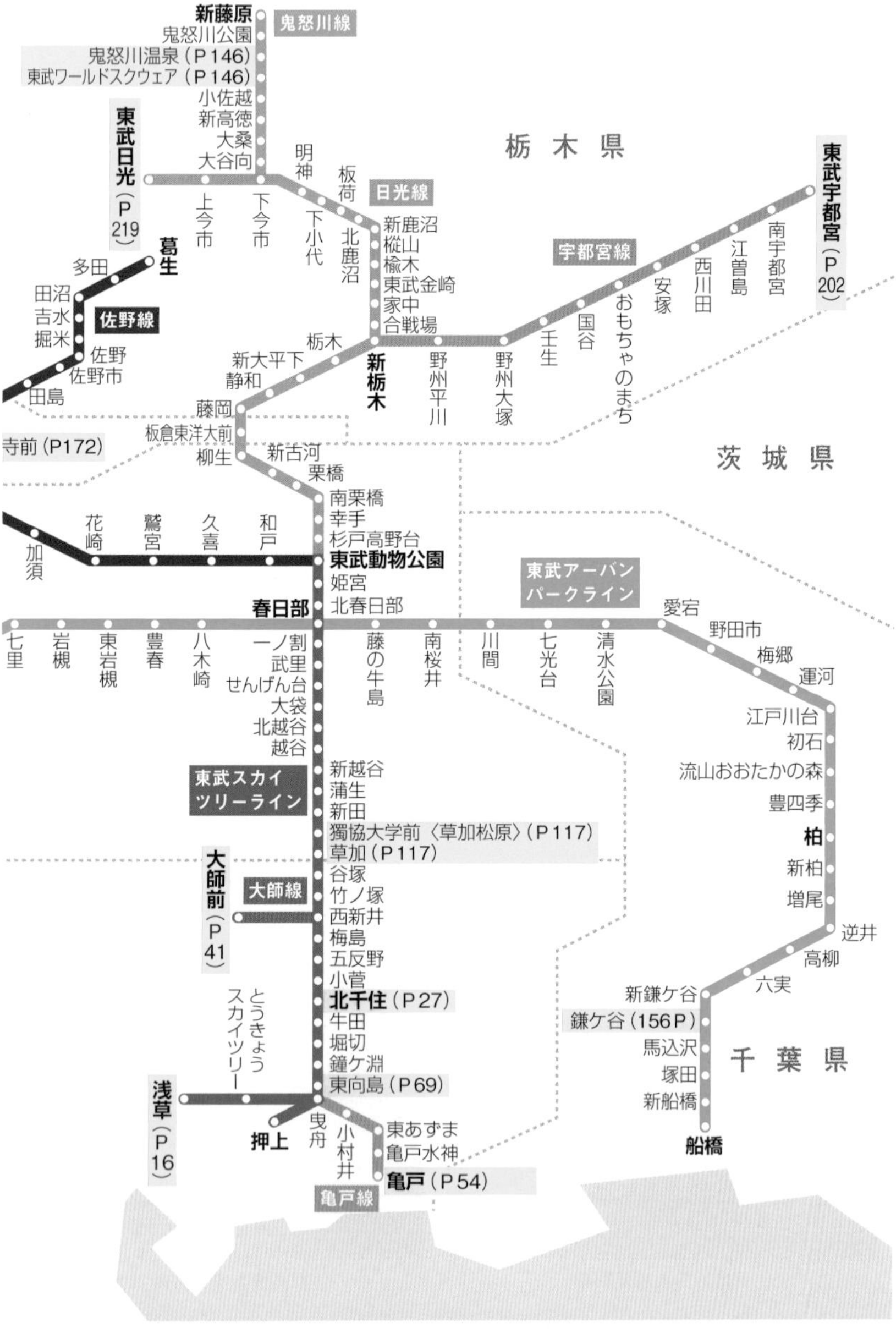

鬼怒川線
新藤原
鬼怒川公園
鬼怒川温泉（P146）
東武ワールドスクウェア（P146）
小佐越
新高徳
大桑
大谷向
東武日光（P219）
上今市
下今市
明神
下小代
板荷
北鹿沼
日光線
新鹿沼
樅山
楡木
東武金崎
家中
合戦場
栃木県
東武宇都宮（P202）
南宇都宮
江曽島
西川田
安塚
おもちゃのまち
国谷
壬生
宇都宮線
野州大塚
野州平川
新栃木
栃木
新大平下
静和
藤岡
板倉東洋大前
柳生
新古河
栗橋
寺前（P172）
葛生
多田
田沼
吉水
堀米
佐野線
佐野
佐野市
田島
茨城県
南栗橋
幸手
杉戸高野台
東武動物公園
姫宮
北春日部
春日部
和戸
久喜
鷲宮
花崎
加須
東武アーバンパークライン
愛宕
野田市
梅郷
運河
七里
岩槻
東岩槻
豊春
八木崎
一ノ割
武里
せんげん台
大袋
北越谷
越谷
藤の牛島
南桜井
川間
七光台
清水公園
江戸川台
初石
流山おおたかの森
豊四季
柏
新柏
増尾
逆井
高柳
六実
新鎌ケ谷
鎌ケ谷（156P）
馬込沢
塚田
新船橋
船橋
千葉県
東武スカイツリーライン
新越谷
蒲生
新田
獨協大学前〈草加松原〉（P117）
草加（P117）
谷塚
竹ノ塚
西新井
梅島
五反野
小菅
北千住（P27）
牛田
堀切
鐘ケ淵
東向島（P69）
大師前（P41）
大師線
とうきょうスカイツリー
浅草（P16）
押上
曳舟
小村井
東あずま
亀戸水神
亀戸（P54）
亀戸線

路線図凡例

- 伊勢崎線
- 東武スカイツリーライン
- 日光線
- 亀戸線
- 大師線
- 東武アーバンパークライン
- 佐野線
- 桐生線
- 小泉線
- 宇都宮線
- 鬼怒川線
- 東上線
- 越生線

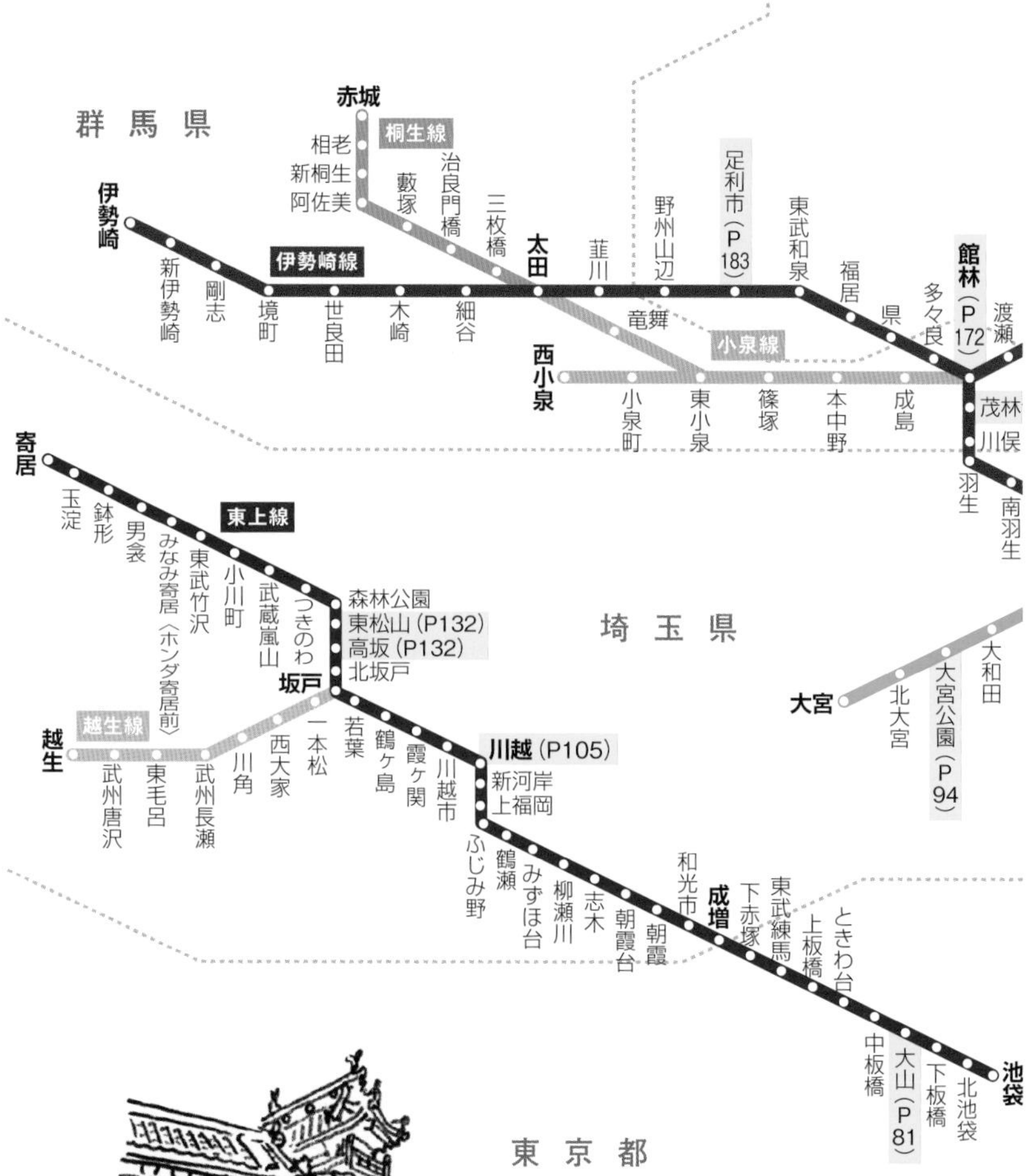

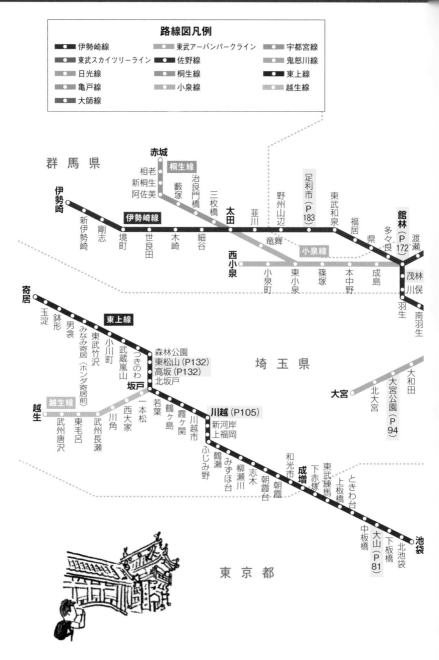

東武鉄道の主な車輛

70000系

大師前駅や草加駅から散歩に出たときに乗車。デビューは2017年。東武スカイツリーラインから東京メトロ日比谷線に直通運転している。シルバーのボディに赤と黒のラインが走るカッコいい車両。かつて日比谷線への直通を走っていた20000系の赤茶色のラインをふたつの原色、赤と黒に分けたとのこと。

特急スペーシア

東京と日光・鬼怒川温泉方面の間を走る特急列車。特急用100系の愛称。東武日光駅へは「けごん」が、鬼怒川温泉駅へは「きぬ」が散歩旅のお客さんを乗せて走っている。もちろん日帰りではない人もたくさん。サニーコーラルオレンジ以外にもブルーや限定仕様カラーがある。

60000系

埼玉県の大宮駅から春日部駅、千葉県の柏駅を経由して船橋駅までを結ぶ、東武アーバンパークラインの愛称で知られる東武野田線を走る。コンセプトは「人と環境にやさしい車両」。正面からは青いラインしか見えないが、横から見ると緑ラインもアレンジされている。某コンビニを思い出させる。

特急りょうもう

200型、250型車両。東京から群馬、栃木を通り再び群馬に入る路線を走る。館林駅や足利市駅を出発する散歩旅で乗車。白いボディに赤のラインで、昔の初代ウルトラマンのようでもある。2020年には「リバティ」と呼ばれる500系も「リバティりょうもう」としてこの路線に仲間入り。

はじめに

はじめて行った街でいろいろなスポットを歩きまわり、その帰り際に呑み食いをする。そんなときに素晴らしいメニュー、店主、店員の店に出逢うことが多々あった。そんな店を雰囲気も含めて本に書き残したいと思ったのがきっかけ。

しかし、ただ店を紹介するのではなく、歩きまわった観光名所の様子も書き記したのち、店に寄るという流れにしては？　と企画を変更。すると、当然と言えなくもないが、歩きまわるお散歩観光がメインになった。

さらに散歩旅をするエリアの基準として、東武鉄道沿線に限定した。以前沿線に住んでいたということもあるが、ランダムに選択した散歩スポットを見ると、東武線沿線のスポットが多かったからだ。

東武鉄道は１８９７年（明治30年）に創立。１８９９年（明治32年）に東京の北千住から埼玉の久喜までの39・９キロで営業を開始した。現在は、東京、千葉、埼玉、栃木、群馬の１都４県を繋げている鉄道路線で、浅草を起点とする本線は、東武伊勢崎線（浅草・押上〜

東武動物公園は愛称が東武スカイツリーライン）、東武日光線、東武野田線（愛称は東武アーバンパークライン）の3路線とその支線で、東京の東部から北へ線路が伸びている。池袋を起点として東京と埼玉の西北部に広がる東上線は東武東上線と東武越生線。

全線の営業キロ数は463・3キロにおよび、旅客駅数は204駅となっている（2019年実績）。

本書は2020年に発売予定だったが、新型コロナウイルスの感染拡大の影響で発売が延期。外に出ないでと言われているときに出す種類の本でもないという判断だった。

取材は2019年夏から開始。すべての場所を歩きまわった。8割くらいはコロナ前に取材をしている。お店などは現在の営業形態と違っているところもあるかもしれない。このころのような営業スタイルに戻ることを祈って、このまま掲載している。

そして、あくまでも一泊旅行ではなく、日帰りの散歩。

散歩なので、確実に観光名所を紹介していくわけではなく、道中で見つけたおかしなものやハプニングも書き記した。

うどんを食べ過ぎて苦しくなり、神秘的な採石場跡に感嘆の声を上げ、猫を愛でたり引っ搔かれたりしつつ、歴史的遺構を観賞して、ご当地グルメを食べたりいろいろな種類の餃子を食べたり、いろいろな神社にお詣りして心を清めたり清められなかったりしている。

ガイドブック然とはしていないが、読んだあとに「行ってみたい」と思っていただけたら幸甚だ。

現在は多くの人が都外県外への旅行に出かけているが、まだまだ懸念の声もある。一方、リモートワークやステイホーム、巣ごもり生活で家から出ない日々を送る人も多いだろう。しかしたまには外の空気を吸って、自分の足で歩くことも大切。そんなときは思い切り遠くへ旅行をするのではなく、日帰り散歩旅に出かけてみてはどうだろう。

自分なりのハプニングを楽しみながら名所や珍百景をまわり、おいしい呑み食いを楽しんでほしい。

東武鉄道てくてく日帰り散歩旅　目次

※本書は2020年1月までの取材をもとに制作いたしました。
店舗の営業状況など変更になる可能性があることをご了承ください。

【第一章】

東京編

浅草駅／北千住駅／大師前駅／
亀戸駅／東向島駅／大山駅

【東武スカイツリーライン】

浅草駅

奥浅草で心を清め、外国人の握る寿司で締める変化球観光

東武スカイツリーラインの始発終点駅となる浅草駅。ここから埼玉、栃木、群馬へと線路が伸びている。

浅草は都内でも屈指の観光地。外国人には昔から人気が高いし、近年は10代20代からも注目度が上がり、カップルや女子のグループが目に付く。

駅を出ると隅田川の向こうで東京スカイツリーが天を突き、麓ではアサヒビールのオブジェ「フラムドール」がビルの上を漂うような形で光っている。

行き交う人も多い。大部分が「**浅草寺**」へ向かっているような気がする。約１４００年の歴史を持つ観音霊場、正式名称「金龍山　浅草寺」だ。大きな提灯で知られる雷門の正式名称は「風雷神門《ふうらいじんもん》」。山門の向かいにある

浅草駅。駅の上には百貨店の松屋が入っているが、地下には昭和で時間が止まったような商店街もある

今回は行かないが、もちろん浅草寺も立ち寄ると楽しい。お詣りしておみくじをひこう

目を引く意匠のビルは「浅草文化観光センター」。隈研吾さんデザインだ。1階にインフォメーションがあり、8階には展望テラスもある。ここで散歩の計画を立てるのもいい。本書ではメインの「浅草寺」は行かず、ほかの場所へ向かっちゃうことにする。

●縁結びの神社で仕事増を祈る

駅を出たら東京スカイツリーを背にして右へ進む。川に沿って北へ向かう形だ。商店街はあるが、雷門方面とは明らかに人の数が違う。さらに人が減ってきたら「言問橋《ことといばし》西」という信号の五差路に出る。その一角に交番があるので、それを左に見てさらに進む。その交番に目的地への親切な案内が貼られていた。

目的地は『**今戸《いまど》神社**』。駅から交番まで約7分、400メートルほど。交番から神社までは約450メートル。途中には現在は埋め立てられている山谷堀と隅田川が合流する地点に架けられていた「今戸橋」の親柱が残されている。しんみり眺めて、ちょっとだけ江戸を感じてみた。

すっかり道行く人が減ってきたころに到着。

『今戸神社』は、伊弉諾尊《いざなぎのみこと》、伊弉冉尊《いざなみのみこと》の男女の神と、應神天皇《おうじんてんのう》を祀る。伊

今戸神社。こぢんまりした神社だが、人気。猫のナミちゃんは守り神か

伊弉諾と伊弉冉は縁を結び、生産の基盤を固める神として崇められていて、この神社も縁結びのご利益がある。

境内に入ると、ここまでの道すがらに人が減ったと感じたのはなんだったのかと思えるほどカップルや女子グループ、家族、男性ひとりなどさまざまな人がいた。〝縁結び〟は、もちろん恋人同士や出会いを求める意味もあるが、仕事だって人と人との縁だから、そういうお願いをしてもいいのだよ。

お詣りをしたら横でおみくじを買うのもいい。が、この日は行列ができているのでやめた。ベンチがありひと休みすることもできる。が、艶やかな着物姿の女子グループがいたので、男ひとりで座るのはやめた。

江戸時代、この地域では〝今戸焼〟という陶磁器が名産でもあり、招き猫も作られていたことから、〝招き猫発祥の地〟ともいわれている。本殿の中にもたくさんの招き猫が置かれていた。

この日は賽銭箱の横に生きている招き猫の野良白猫〝ナミちゃん〟が座って目を閉じていた。なんだか本当にこの神社を守っているような風格

待乳山聖天。巾着でお金が貯まるように、という邪念があるので祈祷をしてもらいたい

がある。神猫だ。驚かさないように写真を撮ろう。

●祈祷で煩悩を払ってくれる『待乳山聖天』

来た道を戻る。来るときにも通ったのだが、まずは『今戸神社』を目指していたので素通りした『待乳《まっち》山《やま》聖天《しょうでん》』というお寺に寄ってみる。正式には『本龍院』という「浅草寺」の支院だ。「浅草寺」ほどの混雑はなく、なんだかゆったりとした雰囲気。こぢんまりとしているせいもあるが、せわしない空気がない。

境内のそこここに大根と巾着の絵が見られる。しかもちょっとユニークなタッチ。大根は身体健全、夫婦和合で、巾着は財福の功徳を表しているとのこと。特に大根は心身を清浄にする聖天様の〝おはたらき〟を象徴するとしてご供養に欠かせないものらしい。お供え用の大根も売られている。毎年1月7日には「大根まつり」も行われるという。

待乳山の聖天様は非常に力が強く、聖天様をご供養する〝浴油《よくゆ》祈祷《きとう》〟という独特な秘法を毎朝厳修しているという。これは一般の人も受けることができるが、普通の護摩祈祷などとは違い、本堂に入ることは許されない。申し込むと行者さんが7日間祈祷をしてくれる。申し込んだ人は家で朝晩

浅草演芸ホール。毎日たくさんの噺家さんが「毎度ばかばかしいお笑いを一席」やっている

手を合わせて祈るのだ。すべて説明すると長くなってしまうので省く。ちなみにこの日は申し込みをしなかった。今度予定を立てて申し込もうと思う。煩悩、欲望などを取り去ってくれるという点にとても惹かれた。心にそれらが満ち満ちているので、なんとかしてほしい。

本書が出るころには祈祷を終わらせて清浄無垢な心でいることだろう。

●浅草演芸ホールを横目に……

駅の方へ戻り、仲見世通りの喧騒を横断。伝法院《でんぽういん》通りへと入る。

人の波をうまく避けながら、名店の誉れ高い「洋食ヨシカミ」や昼からガッツリお酒が呑めるホッピー通りをやり過ごし、「**浅草演芸ホール**」に着いた。落語や漫才がたっぷり楽しめる寄席だ。昼の部と夜の部があるが、入れ替えはないのでいつ入ってもいい。ここに入って夜まで笑って終わるのもいいのだが、さすがに〝散歩旅〟といっているのだから、もう少し歩こう。余談だが、浅草の寄席もいいけど、いちばん好きなのは「上野鈴本演芸場」だ。

「浅草演芸ホール」の隣には「東洋館」がある。こちらは漫才を中心とした落語以外のお笑いさんが出演している。余談だが、ぴろきさんが好きだ。

たくさんの種類の弁当を取り揃えたデリカぱくぱく。一品もののおかずも豊富。下は酢鶏弁当。カラーでお見せしたい

●浅草名物の激安弁当

「浅草演芸ホール」を越えると、国際通りがありその手前に、ずうっと気になっていた弁当屋がある。

『**デリカぱくぱく**』。

チェーン店ではあるのだが、なにしろ弁当が250円からある。消費税が廃止になれば250円で弁当が買える。コイン最低3枚だ。お釣りがあったとしてもコイン1枚が返ってくるだけだ。〝台東区で一番安い‼250円弁当〟という看板が出ているのだから、本当は250円で買いたいよなぁ。

いつも買いたいとは思うのだが、ここで弁当を買ってもどこで食べたらいいか困ってしまうので、買うことはなかった。

今日は買おう！　……どこで食べよう！

弁当はどれも250円というわけではなく、450円や550円のものもある。よく見てみると、値段に応じておかずの量がグッと増えている。一品もののおかずもあるが、こちらも安い！　200円からある。かなり量があるのに……。そしてひとつ580円というおにぎりが！　「高い！」

かっぱ橋道具街。食品サンプルを作るキットも売っている。これまでにチャーハンとナポリタンを作ったことがある

なんて思わないよう。だってかなりドデカおにぎりなのだもの！　弁当も１キロくらいありそうなものがある。６００円台だ。やはりもの凄いな、ここ。

安くてボリューム満点の弁当といえば沖縄が有名だが、ここは沖縄の弁当屋と張り合える。ご飯が見えないくらいにおかずを載せているところもいい勝負だと思う。

１キロの弁当を食べたら動けなくなりそうなので、やはりここは２５０円でいこう。安かろうまずかろうでは沖縄とは張れないので、実食してみる。家に帰ってからだと時間が経ってしまうので、某所のベンチで食べた。弁当を食べるのにはあまり向かない場所だが。

２５０円の酢豚ならぬ酢鶏弁当。ぱっと見た感じと違い、トロトロの甘辛ダレのなかに隠れている肉が想定外の大きさだった。ニンジンもガッツリ大きくしっかり柔らかくなっている。好み的にはちょっと甘めだったかなと思うが、「２５０円ならこんなもんでしょ」というレベルではなかった。こりゃ地域の人が次々に買いに来るわけだ。

一品ものの白身魚フライも買った。２００円で5白身入っている。うん、これは大量生産できるアレのフライっぽかったな。でもこの量とこの値段

ニイミ洋食器店のコックは、創業者というわけじゃないらしい

ならあり！

食べる場所が思い当たる人は、買ってみるがいい。驚いてみるがいい。

●気の向くままに『かっぱ橋道具街』を散策

「浅草寺」に背を向け、あ、気持ちの問題ではなく現実的な方角の話。「浅草寺」を背中に感じながら道を進むと『**かっぱ橋道具街**』に着いた。

キッチン・厨房のさまざまな道具、食器などが売られている商店街で、大正時代のはじめごろに古道具を売る商人が集まったのが発祥といわれている。プロの料理人から一般人までさまざまな人が訪れる。

大きさが少しずつ異なるボウルがズラリと並ぶのはある意味壮観。プラプラ見て歩いているだけで楽しいのだが、焼き鳥屋で使う炭火焼きの台などを見ると、「お、いいな」なんて考えてしまう。使うわけないだろ。大きな業務用冷蔵庫を見ては、「お、いいな」。挙げ句の果てには提灯や看板ばかりを売っている店を見て、「お、いいな」って、店やってないだろ、あんた。

細かいキッチン用品を売っている店では、「本当にこれ使うか?」なんてものまであるし、食品サンプルのお店も楽しい。テーマパークのように

寿司　令和は2階。清潔感のある店内。外国で頑張る寿司職人を応援

何時間でもいられそうだ。
『かっぱ橋道具街』のランドマークともいえる「ニイミ洋食器店」のビル屋上にあるジャンボコックの巨大立体顔面を見たら浅草駅方面へ。
『**駒形堂**』を見て雷門の方まで戻ってきた。だが、ここでも仲見世通りへは入らず、また六区の方向へ行き、気になっている店で本日の〆飯をすることに。

●ミャンマー人が握る寿司に舌鼓

『**寿司　令和**』。

令和元年にオープンしたからこの店名。「寿司屋なんて贅沢な散歩だな！」と思われてしまうかもしれないが、メニューには寿司以外も並び、酒のツマミになるものが380円からある。〝寿司居酒屋〟といってしまったら失礼なのかな？　と思ったら看板に書いてあった。〝寿司居酒屋〟だ。

でもとりあえず寿司をいくつか頼む。

運んできたのはニコニコと愛想がいいマウン・ラ・シュイさん。この日はホールを担当していたが、マウンさんは店長だ。板場にいるのは、ニイ・ニイ・サンさんとリン・リン・トウンさん。3人ともミャンマー人。この

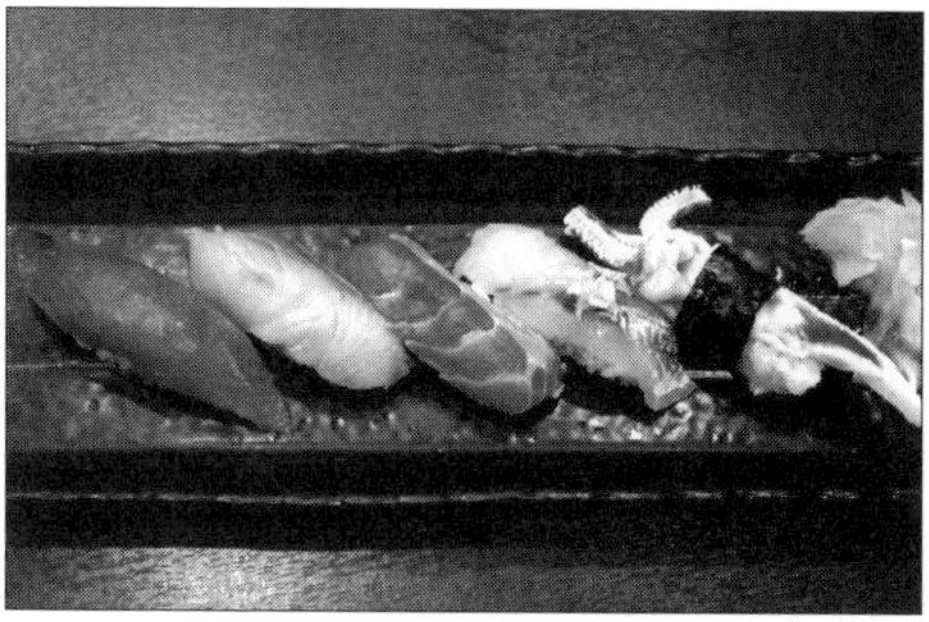
寿司を頼まないでつまみと酒だけで帰る客もいなくはない

店はミャンマー人が切り盛りする寿司屋。会社の代表はラカイン・トエモンさん。バングラデシュ人だ。日本人が経営する会社でミャンマー人が働いているのではなく、外国人がみんなで出資して会社を作り、店を開いた。

マウンさんが来日したのは、1996年（平成8年）。仕事を探すが、外国人を受け入れてくれるところがなく、見つかった仕事が寿司屋だった。そのまま寿司職人になるための修行に身を投じた。ミャンマー人が和食の味を覚えて、作れるようになるのは大変な道のりだったろうと思う。

外国人が握った寿司は本格的だった。もう何年も回る寿司しか食べていなかったが、ネタの鮮度、大きさ、シャリのふんわり感は寿司シロートでもよさがわかる。舌が喜んでいるのを感じる。

キスの天ぷらもオーダー。480円で4尾もあり、衣サックリでフワッフワに揚げられている。マウンさんも「天ぷらは褒められることが多い」と嬉しそう。活しじみのだし巻き玉子も人気が高い。常連もついているし、地元の子連れ家族もよく来るらしい。この日も来ていた。

浅草には100年を超える歴史ある店もあるが、あえて令和元年にオープンしたミャンマー人の寿司屋で締める。観光のメインとなる「浅草寺」に行かないこの日の散歩にふさわしい気がした。

浅草駅散歩マップ

❶今戸神社　[住] 東京都台東区今戸1-5-22

❷待乳山聖天　[住] 東京都台東区浅草7-4-1

❸浅草演芸ホール　[住] 東京都台東区浅草1-43-12

❹デリカぱくぱく浅草店　[住] 東京都台東区浅草1-43-8

❺かっぱ橋道具街通り　[住] 東京都台東区松が谷3-18-2

❻浅草寺駒形堂　[住] 東京都台東区雷門2-2-3

❼寿司令和　[住] 東京都台東区浅草1-21-3　エリカビル2F

【東武スカイツリーライン】

北千住駅

もと宿場町でランドマークを見て、はしご酒でしっぽり酔う1日旅

北千住駅。本当に人が多い。しかも老若男女、学生、会社員、フリーター、酔っ払いと多彩な層

北千住駅は浅草駅へ向かう東武スカイツリーラインと東京メトロの日比谷線、千代田線、ＪＲ常磐線につくばエクスプレスが乗り入れているハブ駅。

乗降客も多く構内も広い。改札を出なくても、いまや駅ナカというのはひとつの街のようだ。北千住駅は『EQUiA（エキア）』という大きな商業施設がある。駅周辺も再開発がほぼ終わり、多くの人が行き交い活気がある。ちなみに足立区に北千住という住所は存在しない。駅名だけだ。

●宿場町の雰囲気が残る西口エリア

北千住駅の西口を出て、そのまま西に進む。西側には商店街があり、少

宿場町通りを少しだけ進んでみた。観光案内所もあるので散歩に便利

し進むと左右にも商店街が現れる。左（南）は「千住ほんちょう商店街」で右（北）は「宿場町通り」と書かれている。この通りが旧日光街道だ。どちらも人通りが多い。宿場町通りには『**千住　街の駅**』というお休み処があり、街歩きの案内なども聞くことができる。

ここ北千住はその昔、江戸を出て北へ向かうときの最初の宿場町として栄えていた。昔から活気があったのだね。

宿場町通りを進んでいくと、江戸時代から戦前まで地漉き紙問屋を営んでいた「松屋」という屋号の商家、『横山家住宅』がある。街道に面した伝馬屋敷で、百数十年という歴史がある。近くには「繪馬屋《えまや》」の看板を出している『吉田屋』もある。いずれも観光施設ではないので、失礼のないように接するべし。

もとの駅西口から伸びる商店街へ戻る。西へ進むと、南北に通る日光街道（国道4号線）と交差する。これを北へ歩いていけば埼玉県の草加市へと向かえる（117ページ）。もちろん行かない。日が暮れちゃう。しかし、電車も車もない時代は当然徒歩で北へ向かっていたわけだ。松尾芭蕉の「奥の細道」出立の地は千住といわれている。

千住ほんちょう商店街はイマドキな店も多いかな

●昭和のランドマークを見にいく

　日光街道を越えると、それまでの商店街とは少し様子が変わり、緩やかに商売っ気が下がったようなディスカウントショップやリサイクルショップ、金物屋さんなどが点在するようになる。やや寂しい通りになってきたが、この先には隅田川が流れている。松尾芭蕉は隅田川から千住に上陸して出立したらしい。だが、この日の目的は芭蕉の後を追うことではない。

『お化け煙突』を見にいく。

　お化け煙突というのはかつて東京電力の千住火力発電所にあった4本の煙突のこと。高さ83・8メートルの4本の煙突はかなり遠くからでも見えたランドマークだった。多くの人に愛された煙突だが、愛称は「お化け煙突」。その理由は、この4本の煙突の位置が原因だった。4本の煙突は菱形に建てられていて、見る方角によっては煙突が重なり、太い1本に見えたり、2本や3本に見えたりする不思議なものだったからだという。また、常時稼働ではなかったため、ときおり先端から吐き出される煙が火葬場を連想させるというのもひとつの理由だったようだ。当時の金額で1500～2000万円をかけ、1926年（大正15年）から建設がはじまり1927年（昭和2年）に完成したお化け煙突は1964年（昭和39

隅田川の向こうに平成のランドマーク、東京スカイツリーが。川幅も空も広く、気持ちがいい

年）に撤去されてしまった。

駅を出てから『横山家住宅』まで行かず、まっすぐここへ向かえば約30分で、かつてお化け煙突があった場所に到着する。現在は東京電力の支社になっていてお化けのような電気塔がそびえ立っていた。

さらに北へ進むと『元宿堰稲荷神社《もとじゅくぜきいなりじんじゃ》』がある。「旧千住四本煙突守護社」でもある。お化け煙突の鎮守様だ。その先に「**帝京科学大学**」が見えてきたら、隅田川の土手へ上がる階段を上る。目の前が隅田川だ。一気に視界がひらけて東京スカイツリーも見える。この「帝京科学大学」にお化け煙突のモニュメントが設置されているのだ。ただし、大きな煙突が立っているわけではない。実際のお化け煙突の一部が輪切りにされて飾られている。近くには20分の1の縮小モデルもあり、1本から4本までの見え方が追体験できる。

昭和初期から60年代の東京オリンピックまで働いていたお化け煙突と、平成生まれのお化けタワーである東京スカイツリー。激動の時代に天を突いている2大ランドマークを同時に見られる場所だ。

●銭湯に感じる下町の風景

輪切りになったお化け煙突のモニュメント。その向こうに見えるのが縮小モデル

隅田川が気持ちよかったので、駅の東口へ戻って荒川を目指してみよう。平成初期のころでも東口はまだ人通りが少なく静かだった。現在は積極的に大学を誘致したため北千住には５つもの大学キャンパスがある。東口には２０１２年（平成24年）に「東京電機大学」のキャンパスができ、駅前商店街には多くの店がオープンし、すっかり学生の街らしくなった。「学園西通り千住旭町商店街」などが伸びているが、駅を離れると下町らしい小路がクネクネと続いたりして楽しい。

駅前の喧騒と新しめの店が消えたころには、すっかり人通りも少なくなった。町の電気屋さんや喫茶店がぽつりぽつりと現れる。ピカピカした再開発の街でありながら、歴史ある老舗も多く残っているのが北千住の魅力だ。

荒川の方向は捉えつつ、わざと道を右へ左へと曲がりながら歩いていると、目の前に銭湯が。都内はすっかり銭湯が減ってしまったが、下町にはまだ結構残っている。ここ『**大和湯**』は１９３２年（昭和７年）にこの地で創業。といってもほかの地で銭湯を営業していた初代店主が買い取ったのがその年で、それ以前も営業はしていたのだろう。かなり歴史は古い。だが、２０１３年に大幅リニューアルを行っているので、なかはとても綺

大和湯。立派な外観

麗。この日はまだ営業前の15時20分、7人ほどが開くのを待っている。なんだか懐かしさを感じる、いい光景。夏の散歩だったらひとっ風呂浴びて汗を流すのもいい。

さらに歩くと『柳原稲荷神社』があった。荒川はもうすぐだ。

少し大きな通りに出たら、もう土手が見えてきた。西側の隅田川よりも川幅は広い。荒川は埼玉県鴻巣市を通る地点で川幅が日本一と認められているのだからさもありなんというところ。東武線や京成線が走る陸橋が川を渡り、首都高速道路が対岸に沿って走っている。河川敷にはグラウンドがあり、サッカーの練習が行われている。それを見下ろす形になるのが、この土手だ。まっすぐな道と広い空でどこまでも歩いて行きたくなる。ジョギングしている金髪女性とすれ違うまで、どこまでも。テレビドラマ『3年B組金八先生』のオープニングはこの荒川土手で行われた。東口側では多くの場所がロケに使われたという。右前方に東京スカイツリーを見つつ、南へ進み土手を降りる。牛田駅方面へ向かおう。

少し歩くと、また銭湯に遭遇。

『**松の湯**』。さっき通った『大和湯』のような和風な外観ではなく、ビルのようなタイプ。入口横に看板があり、〝洞窟風呂〟〝リラックスバス〟〝ボ

荒川土手。土手を歩く、絵に描いたような散歩の風景

ディマッサージ風呂〟〝ジェットエステ風呂〟〝蒸風呂〟〝寝風呂〟と、風呂の種類がかなり盛りだくさん。しかもまだまだ続く、と思ったら、ここまでが「和笑の湯」で、このあとは「カリブの湯」となっている。そちらは、〝熱湯（あつゆ？　ねっとう、と読みたくなるが違うことを祈る）〟薬風呂〟〝癒し湯（これもちょっと謎ではある）〟〝ヒップアップエステバス（どんな風呂だ？　運動でもするのかな）〟〝リラックスバス〟〝冷水風呂〟がある。どうやらこの「和笑の湯」と「カリブの湯」で男女が分かれているらしい。男女は週ごとに替わるようだ。よく見ると看板にも〝週替り銭湯〟と書かれていた。なるほど、これは楽しそうだ。なによりも〝ヒップアップエステバス〟が気になった。特段ヒップアップをしたいというわけではないが、気になる。

入り口は狭めだが、その上の壁に立体文字で「ゆ」と書かれているのがちょっとかわいい。ちなみにもっと駅東口に近いところには『**梅の湯**』という銭湯もある。北千住は本当に銭湯が多いエリアだ。「梅の湯」は創業が1927年（昭和2年）とのこと。お化け煙突が完成した年だ。

ここからまた南へ歩くと東武線と交差する。踏切ではなく立体交差なのだが、ここもドラマによく登場した有名なスポットだ。ガードには「注

松の湯。こちらも入ってみたい銭湯だ。すべての湯を堪能するには最低２回来ないとな

意　桁下高さ1・7メートル」と書いてある。低いね。かなり腰を曲げないと通り抜けられない、身長185センチなので。……嘘です、すみません。でも本当に頭を下げないと通れない人はたくさんいるだろう。自転車に乗っている中学生もさすがに頭を下げて通っていた。

電車が通るときに低いガードの下にいると、迫力がある。これもきっと鉄道ファンにはお馴染みの場所なのだろう。自転車で通るときはスピードを出さずくれぐれも気をつけてほしい。

ガードをくぐると右手に食堂が。「中華そば　甘味」と書かれた**『日の出屋』**だ。ここもドラマ撮影時はスタッフ・キャストがよく食べに来ていたという。店頭には日に焼けたドラマのポスターが。10代の高畑充希さんがいるポスターだ。ラーメンなどの麺類に丼もののご飯類が各種あり、まさに大好きな〝食堂〟然としている。ラーメン550円は昔からあるような東京のラーメン。～系ラーメンに慣れている若い人には逆に新鮮かもしれない。言ってみれば〝海の家系ラーメン〟だ。「言ってみれば」といいつつ海の家系ラーメンなんて呼び方は浸透しているのだろうか。していないか。

ここからだと牛田駅が近いが、違う道を通って北千住駅まで戻ってみる。

日の出屋。中華そばなどの食事に加え、甘味もある

駅近くにはハブ駅らしく大きな踏切がある。これも鉄道ファンには嬉しいスポットか？

踏切を渡って西口側へ戻った。

●西口の呑み屋街を散歩と称してはしご酒

北千住駅の東側にある踏切を渡って西口側に出て、線路沿いから1本離れた道を駅に向かうと、そこは呑み屋街だ。店の大きさもさまざまで、なかなかに心惹かれる店が多い。ただしなかには、外観と相反して説明もなくチャージ1000円が付くような店もないことはない。経験上、あった。

店の佇まいを見て、そういうことがなさそうな、安くておいしい店に入ってみよう。

駅に割と近づいたところにある『**大衆酒蔵　幸楽**』。間口も広いが店内もかなり広い。この店はなんと朝10時からオープン。300円台のつまみも多く、焼酎ハイボールもあるのがとても嬉しい。元気な女性店員さんもホールにいる。特に「ここに来たらぜひこれを！」というものはないが、焼きとり、焼きとんもあるし、揚げ物も刺身もあるので、だれもが酒を楽しめる。まさに大衆酒蔵、まさに幸楽だ。営業時間は夜10時まで。日帰り

駅に近い飲み屋街。まだ日は高いけど、人によってはワクワクする通りかも……（ワクワク）

散歩終わりに寄るのにもちょうどいい。

のだけれど、この日は1杯で店を出た。

この店と道を挟んだ反対側で少し駅に近づいたところにあるのが、立ち呑みで串揚げが食べられる**『立呑処　天七』**。ここもお手頃価格で酒好きに人気。結構いつも客が多い。

酒と揚げ物はなぜこんなに相性がいいのだろう。相性がいいのではなくて高カロリーの油ものを食べてしまう背徳感を酒で流し込んでいるのかもしれない。「ああ、今日も串揚げを食べてしまった」と後悔のようなセリフを吐きつつ、顔は笑っていて、「うまかったなあ」なんて明日も来そうなことも言っていたりする。こういう店にはそんな人、よくいるよな。

……ああ、自分だ。

●百年超えの老舗は千住で2番

さて、おいしく2軒行ったのだが、この日はせっかく北千住に来たのだからして、どうしてももう1軒行っておきたい。名店の誉れが高い店だ。**『大はし』**。

お化け煙突を見に行く途中にあった「宿場町通り」を入って少し行くと

大衆酒蔵　幸楽。ラーメンはない、角野卓造もいない、けどとてもいい店

左手にある。創業は1877年（明治10年）。百年酒場をとうに超えている。店の外まで客が待っていることがあるらしいのだが、なぜかその光景は見たことがない。タイミングがいいのか、相性がいいのか。満席で入れなかったことはあるが、そのときは2人で来た。ひとりで来たときはいつもひと席空いていて座ることができた。相性がいい。まあ、もし外に並んでいる人がいたら入らないけどね。お酒は大好きだが、酒を呑むのに並ぶことはしないのだ。

この日もガラリと引き戸を開けると、店員さんが、「らっ！」と言って満席のカウンターに唯一空いている1席を指差した。

メニューに潔く書かれている「焼酎」を頼むと、店員さんは、「はおぉっ！」と対応。この、「らっ！」「はおぉっ！」とか「おぉぅ！」というのは、そう聞こえているからそう書いている。何か言っているのかもしれないし、省略しているのかもしれない。以前来たときはすべて「らっ！」で対応された気もする。

キンミヤ焼酎のストレートに自分で梅シロップを入れて呑む。グラスに表面張力ができるので、まずは持ち上げず、口をグラスに近づける。この飲み方で出している店では、これを頼む人も多く、はるか歳上のおじさん

立呑処　天七。立ち呑みで串揚げ。サクッと食べてサクッと呑めるのがいい

たちがグラスに口を近づけて、まるで優しくキスをするように酒を啜る。そんな優しいキスをしたのはいつの話かね？　なんて聞いてみたくなったりもするが、そういう姿を見るのは嫌いじゃない。はるか歳上のおじさん方だとしてもちょっと可愛く感じる。

この日も周りは呑み助おじさんが多め。『大はし』はボトルキープもできるので、キンミヤボトルと氷と梅シロップや炭酸を目の前に広げている常連さんも多い。羨ましい。ちょくちょく来られるのが羨ましい。

店の壁にはこんな短歌が飾られている。

「名物に　うまいものあり　北千住　牛のにこみでわたる大橋」

狂歌というのかな。ここに歌われているように、名物は煮込み。モツではなくて牛のカシラなどを煮込んでいる。やや甘めのタレに感じたが、どうだろう。どちらかというと、すっかり茶色に日焼けした、じゃなくて味が染み込んだ肉どうふの方が好きだ。煮込みよりも肉は少なめ。そしてここでもやはり揚げ物のコロッケを頼んでしまうのだった。おいしそうだが、刺身はまだ食べたことがない。

ちなみにネットで検索すると、やたらとあるワードが出てくる。東京の煮込みのスリートップ的なことだ。でもそれはあるひとりの人が言い出し

東口を出て北へ向かった小路では猫にも出会える

たことなんだけど、みなさんそれだけを指針にしてばかりでいいのでしょうかね。まあそのある人の影響力が大きいということなんだろうけど、倣うばかりではなく、ぜひ自分のなかのベスト煮込みを見つけてほしいとも思うのであるよ。

『大はし』は店内も撮影禁止だし、店主も高齢で、現在は取材は受け付けていない。以前申し込んだときに店主の娘さんと話をしたのだが、とても感じのいい方だった。店内の感じのいい女性は娘さんだ。

ということで今回は単なる客として呑み食いしただけの話を書いた。今回気づいたのだが、満席で活気のある酒場だと思っていたが、実は客はそんなに大声で話しているわけではない。活気を感じたのは店主・店員の威勢のよさゆえかもしれない。

グラスの酒を飲み干そうと顔を上に向けているその瞬間、店員さんと目があった。すると、「らっ！」と言っておかわりの準備をしてきてくれた。頼まずとも来てくれた。思わず笑ってしまった。相性がいい。

店を出ると外の看板に、「**千住で2番　大はし**」と書かれている。1番はお客さんということらしい。北千住の西と東を歩いた散歩は千住で2番の場所で終わりにした。

北千住駅散歩マップ

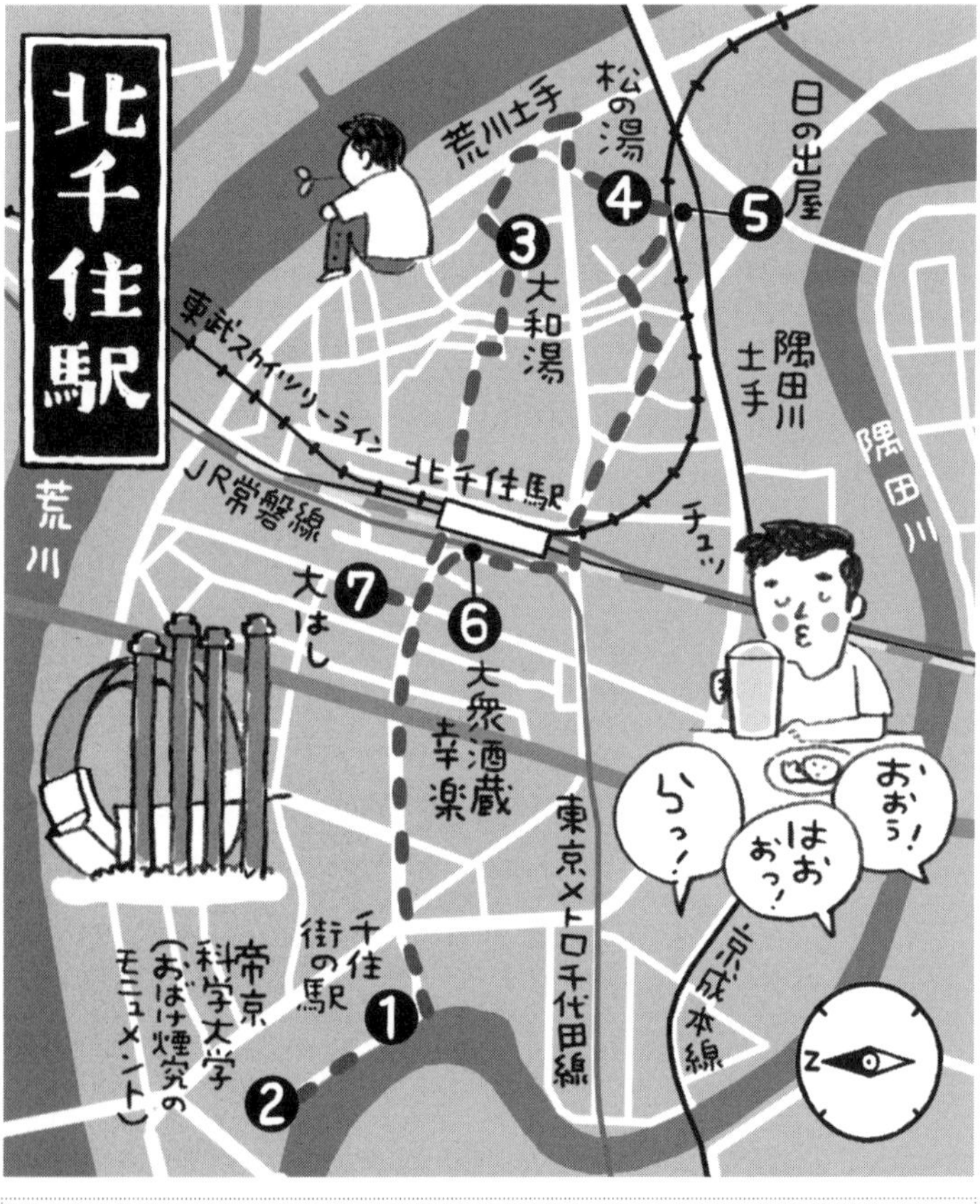

❶千住　街の駅　[住] 東京都足立区千住3-69
❷おばけ煙突のモニュメント　[住] 東京都足立区千住桜木2-2-1
❸大和湯　[住] 東京都足立区柳原2-43-1
❹松の湯　[住] 東京都足立区保木間5-5-10
❺日の出屋　[住] 東京都足立区柳原1-33-2
❻大衆酒蔵　幸楽　[住] 東京都足立区千住2-62
❼大はし　[住] 東京都足立区千住3-46

【東武大師線】

大師前駅

全長1キロの大師線で行くお詣り散歩
関東三大厄除大師のひとつへ

大師前駅。駅名の表示もほかにはない厳かな雰囲気がある

東武スカイツリーライン、もう本書でも出てきているこの路線だが、東武伊勢崎線というのがメインの名称で、子どものころ、西新井に行っていたころはまだ東京スカイツリーはなかった。

東京の北の端に近い西新井駅から出ている枝線、東武大師線に乗った。西新井駅までのをして大師線のホームへ降りる。大師線に改札はない。これは都内でも非常に珍しいシステム。決してひと駅無料というわけではない。大師前駅では改札はなく出入りが自由にできるが、西新井駅ではそのまま外に出るわけには行かず、東武スカイツリーラインへの改札を通らなければいけない。そこで大師線の精算も行われるわけだ。

西新井駅から大師前駅まではひと駅。約1キロ。しかし、当初の計画で

大師線の車両にはこの赤以外もあり、見られたらラッキーなカラーもあるという

はなんと11キロ以上の総路線距離があったという。名称も大師線ではなく、〝西板線《にしいた》〟だった。西新井駅と東武東上線の上板橋駅を結ぶ予定だったというのだ。この東西を結ぶ路線があったら、どれだけ便利だっただろうか。残念ながらこの計画が生まれた直後に関東大震災が起こり、さまざまな状況が変化。１９３１年（昭和６年）に西新井～大師前駅間のみで開業された。半ば無念の路線だったわけだ。

２両編成のワンマン電車なのだが、進行方向後ろの車両に乗ったら乗客がゼロだった。前の車両には何人も乗っている。どうやらそちらが出口に近いようだ。みなさん、乗り慣れている人たちなのだね。

大師前駅に到着。もちろん行き先は**『西新井大師』**だ。

●関東三大厄除大師のひとつ『西新井大師』へ

駅から『西新井大師』へ行く近道があったので、そちらへ進む。

なんだろう、商店街というにはちょっと寂しい。夜の繁華街とも言いづらい感じのお店が並ぶ通り。でも古びた建物に「赤ちょうちん」と書かれた白い提灯がぶら下がっている店なんかを見ると、気になって仕方がない。いい店な匂いがするなあ。いまは昼間だからやっていないけどね。

大小さまざまなダルマが店頭に並ぶ。迫力あり

カラオケがある店はあまり行かないけど、「演歌星《スター》」というど真ん中な店名を見ると、やはり気になる。潔いというか、捻りないというか、いい看板だ。

「**大長商店**」という店にはダルマがたくさん並べられていた。思い起こせば子どものころ、親に連れられて『西新井大師』に来たときは家からダルマを持って来ていた。大師様で行われているダルマ供養に持ってきていたんだな。そして新しいダルマを家に持って帰っていた。久しぶりに来たのに、ダルマも持ってきていないし、すぐに赤ちょうちんを気にしてしまった。母さん、わたくしも大人になりました（違う）。

参道に横から入る形になったので、正面まで戻ってからあらためて山門へ向かった。

『西新井大師』の大師は弘法大師様のこと。真言宗の開祖、空海だ。実は自分の名前に〝弘〟の字が入っているので、昔から名前の漢字を説明するのに、「弘法大師の弘」と何度も言っていた。勝手に身近に感じていた。「弘法も筆の誤り」という言葉も嫌いじゃなかったりして。誤ってもいいんだと思えるから。

だが、こうしてあちらこちら取材に出向くようになると感じる。弘法大

山門は素通りしないでじっくり観賞してほしい

師様、すご過ぎ。いろいろなところでいろいろなものを創り過ぎ。ひと文字いただいているのすら名前負けを感じる。

まあ、その話は置いておこう。ここ『西新井大師』は関東三大厄除大師のひとつといわれている。弘法大師様が興した厄除け大師のなかでも有数のものだ。ちなみにほかのふたつは、神奈川県の「川崎大師　平間寺」と千葉県の「妙光山　観福寺」。ここ『西新井大師』も正式名称は『五智山《ごちさん》遍照院《へんじょういん》總持寺《そうじじ》』というのだが、舌を噛みそうな正式名称で呼んでいる人は、まあいないだろう。地元の人はやはり「大師様」と呼ぶ。

その昔、不作と疫病に苦しむこの村にやってきた大師様が十一面観音像と自身の像を彫り、観音像を本堂へ、井戸には自身の像を納めて21日間の護摩祈願を行った。すると井戸から水が湧き出て疫病も治り、村に安寧が戻ったという。その井戸は敷地内にひっそりと残っている。本堂の西にあり、そこから〝西新井〟という地名が生まれたといわれている。

●見どころの多い西新井大師

『西新井大師』に来て、まず目にするのはみごとな山門。江戸時代に建立されたといわれる門は、色彩こそ〝茶！〟だが、その装飾は目を見張る。

右は手水舎。支えている像がかわいい。左は塩地蔵。現役の塩まみれ

荘厳という言葉がぴったりだ。

一礼をして入ろう。

正面に本堂はあるのだが、最初に目を引くのは「**塩地蔵**」かもしれない。塩にまみれた不思議なお地蔵さんだ。イボ取りなどに霊験があるといわれ、ここの塩をいただいて、もし効果があったら倍の塩を返しなさいということらしい。結果、塩まみれだ。

右に行くと鐘楼があるし、本堂に向かって歩くと途中に「延命水洗地蔵尊」や「大日如来尊像」があり、ようやく**手水舎**がある。手と口を清めるのだが、水場を支えているかわいい影像に目がいってしまう。線香を焚いて、本堂への階段を上る。十一面観音像が祀られ、その周囲はキラキラとした黄金の装飾。これはパワースポットといわれるのも納得だ。

護摩祈祷は随時行われているので、祈願したい内容を選んで祈願料を払って中へ入ることができる。説法は心が不安定なときほど沁みてくるから不思議だ。

本堂から左へまわってみると、またさまざまな遺構などをみることができる。

左は三匝堂。なかに入れなかった。中央は井戸。右は弘法大師像。頭身の比率は正しいのか？

「**三匝堂**《さんそうどう》（**栄螺**《さざえ》**堂**）」という仏堂の形式が残っているのは知らなかった。以前福島県の栄螺堂に入ったことがあるのだけど、それと同じ造りということかな。入ったら一方通行で三層まで上り、そのまま進むと外に出るという螺旋状のものだと思う。以前はここに本尊の阿弥陀如来像などが祀られていたらしい。現在は本堂に移されている。貴重な建築物だ。

そして前述した井戸も残されている。意外と素通りされがちだと思うので、ぜひまわるときは見落とさないでほしい。

ほかにはひと回りすれば四国八十八箇所の霊場を巡ったことになるという（ならないと思うけど）、「四国八十八ヶ所お砂踏み霊場」や実際に八十八箇所霊場をまわられたときのような姿の弘法大師像がある。

鯉の泳ぐ池や小さな滝もある庭園があり、眺めているだけでなんだか解脱しそうになるが、その周りにも「稚児《ちご》大師《たいし》尊像」や「弁天堂」「十三重宝塔」「如意輪堂（女人堂）」「奥の院」などなど、たくさんの祈願場所がある。目的がある人は調べてお詣りするといい。

ちょうど本堂の裏手に来たら北門があったので出てみた。すると出た瞬間にカラオケで歌う声が！　目の前にカラオケハウスなるものがあった。スナックのカラオケ寄りの店、という感じだ。それにしてもまだ昼も昼。

上は出世稲荷神社。左は本堂。盛りだくさんな西新井大師

やってんなぁ、飲ってんなぁ、演ってんなぁ、と厳かに大師様をまわって来た気分が180度変わった。

でも気分を害したわけではない。楽しそうに歌っているおっちゃんの姿を想像しつつ、弘法大師様の像を思い出しつつ、また北門からなかに入った。

北門から入って左へ、本堂正面に向かって右側の方へ回った。お寺のなかには神社が造られるもの。『出世稲荷神社』がここにあった。鳥居に一礼して階段を上る。こぢんまりしているが、いい空気の神社だ。お詣りして写真を撮ったのだが、きちんとお詣りしたかなぁ。取材のことばかり考えていなかったか、ちょっと心配。だから出世しない。

ここから本堂前に戻って山門を出た。『西新井大師』では毎月縁日も行われているので、その日に行けば露店も多くて楽しさ倍増だろう。

●参道で食べたい買いたい、大師前ならではの逸品

山門前には草団子の名店が左右にある、はずなのだが、2020年初頭には1軒しかなかった。『**清水屋**』と「中田屋」。向かい合う2軒が、「は

上は山門前の清水屋。味見をして草団子を買った。左はまめ屋。こちらも味見をさせてもらって買った

い味見どうぞ〜」と参拝客に声をかけるのも名物だったし、食べ比べる人がたくさんいたのも有名な話。それがいまは『清水屋』だけが営業。「中田屋」は工事中だ。1805年（文化2年）創業という歴史ある店だったが、建て替えて有料老人ホームになるとのこと。お店は規模を小さくして再開すると聞いた。本書発売後はもう再開しているはず。またあの活気が戻っていればいいいな。

『清水屋』で草だんごを試食して購入。草だんごと餡子が別になっていて、食べるときに餡子を付けるのが西新井式、みたいなことをほかのお客さんに言っていた。着色料もきちんと表記している草だんご、おいしくいただいた。

少し参道を戻ると、これまた元気なお姉さんが試食を勧めてくれた。『**まめ屋**』。

豆は嫌いじゃない。ぽりぽり食べられる豆を非常食として持ち歩くこともある。が、ここの商品はそういうのとはちょっと違う。さまざまな種類の豆をさまざまな味付けで、本当に多種多彩な味付けで商品化している。店頭にいた元気なお姉さんだけではなく、店内でも次々と試食を勧めてくれる。お腹いっぱいになっちゃうよ。ファーストインプレッションじゃな

河村屋。店主さんがいろいろな話をしてくれて楽しい

いけど、最初に試食した「きなこ豆」が気に入った。マヨネーズは嫌いじゃないけど、豆とはいまひとつだと思った。個人の感想です。でも辛めのものも購入。もちろん酒のアテだ。

ほかの老舗に比べると新しく感じるが、オープンは2005年（平成17年）とのことなので、もう参拝客にはすっかりお馴染みの店だ。老舗に交じり、こういう新しくておいしい店が参道にあるのは嬉しい。がっつりとたくさんの店を潰しまくって新しくしていく開発はあまり好きじゃないけど、新しい店がその地の空気に馴染んで頑張っていくのは嬉しい。それはもちろん参道に限らず、ね。

と思って、参道から横ちょに伸びるアーケードに入ってみた。お店が並んでいる。奥にはおいしそうな定食屋だか居酒屋だかがあった。

少し入口に戻ると、小さな間取りでおいなりさんを売っている店が。芸能人の色紙がたくさん貼ってある。そういう色紙に惹かれることはまずないのだが、ここはなんだか気になった。

『河村屋』。

名物の「出世いなり」（160円）はかつては数量限定品だったが、現在はレギュラーメニュー入り。加えて「角煮いなり」と「胡麻いなり」の

河村屋のいなり。味は間違いないのだが、出世するかどうかは自分の努力も必要！

３つが主力商品だ。

「ほかにないような商品を売りたい」という店主さん。食材にもしっかりと強いこだわりを持っている。

「出世いなり」に入っているのは、ちょっと珍しいウズラの味付き半熟玉子。もちろん手作りだ。水煮缶なんか使わない。角煮はもちろん、胡麻も洗い胡麻を自ら炒っている。酢飯に混ぜずに胡麻の風味が伝わるように入れるのもこだわり。基本的に店頭で食べるスタイルはやっていないのだが、混雑していなかったりする場合は、皿で出してくれることも。

　オープンは２０１２年（平成24年）。当初、「お寺の門前なのにおいなりさん⁉」という声もあったというが、前述したように境内には神社がある。『出世稲荷神社』だ。「出世いなり」はそこから生まれた。店主さんが撮った『出世稲荷神社』の不思議な光が交錯する写真も見せてもらった。

　色紙がたくさん貼られ、テレビの取材もたくさん来ている。最初に来たのは石ちゃんこと、石塚英彦さんだ。これはアポなしの偶然だったのだが、ここにも不思議な話がある。

　本来は参拝客が大勢来る正月から稼働できるように年末の28日にオープン予定だったのだが、工事が入れないということで１月８日になってし

こういうたばこ屋は開業するにあたっていろいろな条件がある。だからなかなかなくならない

まった。店主も諦めていたのだが、急遽話が進み、1日にオープンすることができた。すると5日にロケに来ていた石塚さんが気にしてくれて来店。「まいう～」となったらしい。もし8日にオープンしていたらその偶然すらなかった。

　ほかにも店主さんには不思議な縁のいい運がある話を聞いた。『出世稲荷神社』のおかげだろう。もう一回お詣りしよかな。とにかく「出世いなり」を買って帰ろう。

●西新井駅まで歩く

　ここからまた大師前駅に戻るのも散歩不足なので、西新井駅まで歩くことにした。半分商店街、半分住宅街のような通りを歩く。新しい店もあったが、**古いたばこ屋**に目がいった。「御進物にたばこ」という看板が掲げられている。現代では考えられないコピーだ。こういうところこそ、完全に昭和が残っているといえる。狙って作っているわけじゃないもの。

　通りを抜けると「西新井大師道」のゲートがあり、大型ショッピングモールがあった。これでは商店街はなくなってしまうね。

　ほどなくして西新井駅に。これで散歩は終了なのだが、最後にひとつ。

意外とファンも多いようだ。なんだか夜中の屋台ラーメンを思い出す

西新井駅のホームにある立ち食い、**『西新井らーめん』**。

蕎麦とうどんが大好きで、普段ラーメンはほとんど食べないのだが、駅のホームにある立ち食いラーメンということで興味を惹かれた。あまり聞いたことがない、立ち食いラーメン。

食券を買う。ここはオーソドックスに「ラーメン」（500円）。ほかには「ワンタンメン」（550円）や「カレーライス」（500円）、トッピング増量のメニューや「ライス」（200円）もある。

パートかな？　という、おばちゃんふたりで切り盛りをしている。ラーメンは北千住（27ページ）でも書いたような、海の家系ラーメンだ。こういうラーメンは好きなタイプ。これは駅のホームで食べるのに最適なラーメンだな。と、ラーメン通な気分になって西新井大師の散歩を終了。

大師前駅散歩マップ

❶西新井大師　[住] 東京都足立区西新井 1-11-1

❷清水屋　[住] 東京都足立区西新井 1-9-11

❸まめ屋西新井大師店　[住] 東京都足立区西新井 1-9-13-101

❹いなり寿司　河村屋　[住] 東京都足立区西新井 1-5-9

❺西新井駅　[住] 東京都足立区西新井栄町 2-1-1

東武線亀戸駅。5駅しかないとはいえ、乗降客は少なくない。ワンマン電車が風情のある街中を走る

【東武亀戸線】

亀戸駅

5駅を走る2両編成の亀戸線に乗って寄り道だらけの神社巡りへ

東京都江東区の亀戸《かめいど》。

関東の人間は難なく読めるかもしれないが、意外と地方の人にとっては難読地名のひとつかもしれない。青森の人は〝かめのへ〟と読んでしまったりするのかも!?……しないか。

地名の由来を簡単にまとめてみる。

まずその昔、この辺りは海に浮かぶ島だったという。その島の形が亀に似ていたことから〝亀島〟や〝亀津島〟と呼ばれていた。やがて、島の周りに土砂や葦や石が堆積し、周囲の島々と陸続きになる。そうなると耕地もでき、新たな周囲の人々との交流も生まれることから、このエリアは〝亀村〟と呼ばれるようになった。その後、村は〝亀井戸〟という名がつく。

亀戸梅屋敷。マップを入手。
ジェラートは控えた

その経緯に諸説あり。村には〝亀ヶ井〟という井戸があり、それが合体してという説、混同されてという説、もともと「亀戸天神」にあった井戸の名前からという説がある。真実はどれかわからない。が、いずれにしても、やがて「井」の字が略されて亀戸となったといわれている。

亀戸というと多くの人が思い浮かべるのが、ＪＲ総武線の亀戸駅かもしれない。だが、ここ亀戸駅と曳舟《ひきふね》駅のわずか5駅を走っている電車があることもぜひ覚えておいてほしい。東武亀戸線だ。亀戸を出て、亀戸水神《かめいどすいじん》、東あずま、小村井《おむらい》、曳舟の5駅を結ぶ。曳舟駅で東武スカイツリーラインに乗り換えれば浅草駅、とうきょうスカイツリー駅にも好アクセス。２両編成の電車がなんだか健気でかわいい。帰宅時間には乗降者数も多く、地元の人には便利な路線なのだろう。下町を走る小さな電車だ。

●亀戸観光の下調べができる場所へ

亀戸駅を出る。

駅北口正面の大通りをそのまま北へ。７分ほどで都道３１５号線（蔵前橋通り）との交差点に到着。角に『**亀戸梅屋敷**』があるので覗いてみる。

ここは２０１３年（平成25年）にできた観光施設。もともと亀戸にあっ

亀戸梅屋敷の火の見櫓。上は江戸切子のショップ

た『亀戸梅屋敷』の名をつけて、亀戸の歴史や文化を発信する拠点として誕生した。

『亀戸梅屋敷』というのは、江戸時代にあった呉服商の伊勢屋彦右衛門の別荘、「清香庵《せいこうあん》」の別名。庭園に見事な梅があり、水戸光圀公（黄門様ね）や八代将軍の徳川吉宗などが賞賛したことからその呼び名がついた。浮世絵師の歌川広重もその梅屋敷を描き、それをゴッホが模写したとも。

観光案内所もあり、亀戸のマップも置いてあるので、ここで散歩のコースを決めるのもいい。また、お菓子や漬物、蕎麦やうどんなどのお土産も売られていて、なかには『亀戸梅屋敷』限定商品もある。

館内の一画には国の伝統工芸品に指定されている江戸切子のショップがある。展示品はどれもキラキラ。つい顔を近づけて見たり上から覗き見たりして幻想のような模様を楽しんでしまう。隣には江戸切子協同組合による公式のギャラリーもあり、こちらはアート作品が展示されている。

寄席が行われている時期もあり、２０１９年から落語にハマっている身としては見逃せない。のだが、それより目を引いたのはジェラートだったりして。夏だったらどれにしようか真剣に迷ってしまうくらい種類も多い。栗ミルクに、黒バニラ、とうふミルク、和みほうじ茶、電気ブランアイス

左は猫と量りと木枠のケース。豆の種類が多い。塩豆も砂糖エンドウ豆も買うべし

などがある。

敷地の角にある施設のシンボル、約8メートルの**火の見櫓**はただの飾りではなく、実際に防災無線放送設備でもある。

●老舗の豆菓子店で伝統の味に舌鼓

神社巡りをする前に、『亀戸梅屋敷』の道を挟んだ反対側の角にある『**但元**《たじもと》**いり豆本店**』を覗いてみた。広い間口の店頭には、木枠にガラスの蓋が付いたケースが並び、なかにさまざまな種類の豆菓子が入れられている。20種類以上はあるという。量り売りもしているようで、アンティークな量りが置いてあるのだが、木枠のケースには直に豆は入っておらず、すでに小分けの袋に詰められている。

聞くと、以前は直接入れてそこからスコップで豆を取って量っていたらしい。「最近のおかしな天候で豆が悪くなっちゃうからいまはこの形にしています」とのこと。それでも木枠ケースが並び、この量りが置かれて、「2デシリットル（約1合）220円」なんて書かれていて、店の奥の棚で猫が昼寝をしているのを見ると、店内の空気はまさに昭和！　と感じる。が、とんでもない、創業は1916年（大正5年）とのこと。

亀戸水神宮。お詣りするときは横からではなく、正面から。鳥居に礼をして入ろう

塩豆が一番人気らしいが、砂糖でコーティングされた「砂糖エンドウ豆」(220円)を購入。後日談だが、鞄に入れて空腹時の非常食として持ち歩いていたら1週間ももたなかった。どれだけ非常事態だったのか、ではなくて、おいしくてポリポリが止まらないタイプなのだった。塩豆も買えばよかった。

店の猫をしばらく眺める。猫はいつまでも見ていられるが、振り切って『亀戸水神宮』へ向かった。

●室町時代に建立!?

駅から歩いてきて『亀戸梅屋敷』のある角を右に曲がり蔵前橋通りを約10分歩いて着いたのが、東武亀戸線の駅名にもある『**亀戸《かめいど》水神宮《すいじんぐう》**』。ちいちゃい神社だが歴史はある。1521年~1532年の室町時代創建ではないかといわれている。ただ、はっきりとはわからないとのこと。祭神は水を司る女神様。冒頭書いたようにその昔ここは亀島で、それが地続きになったわけで海抜は低い。水害も多かったのだろう。農村地帯となったあとでも水は大切だから水の恩恵に授かるとともに怒りを鎮める神様が必要だったのかもしれない。

ただ、二股に分かれる道の角にあるので、左から来た人が右の道へ出るときに神社を通ってショートカットをしているのを何度か見た。いいのかな。神様はそんなことで怒らないかな。できれば一礼をしてほしいね。

●公園散歩コースもあるが、やはり神社巡りにしよう

ここから『亀戸中央公園』へ行くのもひとつのコースとしてアリだろう。だがこの日は「亀戸といえば」くらいの代名詞ともいえる『**亀戸天神社**』へ向かった。同じ道を通るのは若干気が引けるが、『亀戸梅屋敷』まで戻って『亀戸天神社』へ向かう。

『亀戸梅屋敷』の角を右（北）へ横断歩道を渡り、蔵前橋通りを左（西）へ歩く。するとすぐに右手に鳥居が現れた。しかしこれは『亀戸天神社』ではない。この鳥居の先にあるのは、『**香取神社**』。スポーツ関係のご利益がある神社らしい。ほかにもこの周辺には社寺がいくつかある。そのなかの6つの社寺にいる七つの福神を詣でる「亀戸七福神めぐり」をする人も多い。福徳と福神、社寺を記しておこう。まずはここ『香取神社』は愛敬富財の恵比寿神と、有富蓄財の大国神が、延命長寿の寿老人は『**常光寺**』、芸道富有の弁財天は『**東覚寺**《とうかくじ》』、勇気授福の毘沙門天は『**普門院**《ふもんいん》』、人望福

亀戸天神社。学問の神様が祀られているけど、ほかのお願いをしてもいいと思う

徳の福禄寿は『**天祖神社**』、清廉度量の布袋尊は『**龍眼寺**《りゅうげんじ》（萩寺）』となっている。新年を迎えた時に1年の福運を祈願して回るのもいいだろう。元旦から1月7日までは色紙のお授けがあるという。このほかにも安産子安の神を祀る浅間神社などもある。

『亀戸梅屋敷』を過ぎてから10分弱、『亀戸天神社』の鳥居に到着。

1662年（寛文2年）に九州太宰府天満宮の神職が菅原道真の像を作って祀ったのが創建といわれており、江戸時代から学問の神様として信仰を集め、広く親しまれてきた。大鳥居をくぐるとすぐに鮮やかな赤の太鼓橋が正面に。左には東京スカイツリーが見える。太鼓橋ごしの東京スカイツリー、さぞやいい写真が撮れるベストスポットで、祈願に来た若者たちにも人気なのだろう。

落ち着いた大人はこれくらいでは、はしゃいだりしないのだよ。ま……まあでも、写真は撮っておいても損はないかな。

右を見ると藤棚がある。実はここの藤は東京一ともいわれていて、4月下旬に行われる「藤まつり」の時期には、艶やかな藤が咲き誇り、多くの人で賑わう。そのころは祈願に来て見事合格した学生も晴れがましい気持ちで藤の花を愛でられることだろう。だが、成就しなかった人はその年は

左は本殿。右は太鼓橋と東京スカイツリー

来ないかも。でもせめてその次の年には来てみてほしい。花を愛でる心の余裕が生まれていることを祈っている。そして成就しなくても神様を恨んではいけない。

以前、知り合いが娘さんの合格祈願に来たという話を聞いた。しかし残念ながらその願いは叶わず。後日知り合いが涼しい顔で言っていた。

「祈願したことが叶わなかったからといって、それは神様のせいじゃないよ。娘が努力しなかったわけじゃないけど、もう少し何かが足りなかっただけ。しかも受験だからって急にお詣りに来てもダメだよね」

その通りである。合格祈願に限らず、「お賽銭を入れてご祈願したからそれでオッケー」なわけはない。どんなお願いにしろ、その後の努力は大事なのだ。

その知り合いの娘さんの台詞がまたいい。ここへ祈願してきたことを伝えたら、「え⁉　神頼みなの⁉」と言ったという。努力していたことがうかがえる。

この日も努力していそうな母娘がお詣りに来ていた。

最初の太鼓橋は男橋。進むともうひとつ太鼓橋があり、それは女橋という。横の池には鯉や亀がいて、1羽の水鳥が凛として立っていた（たぶん

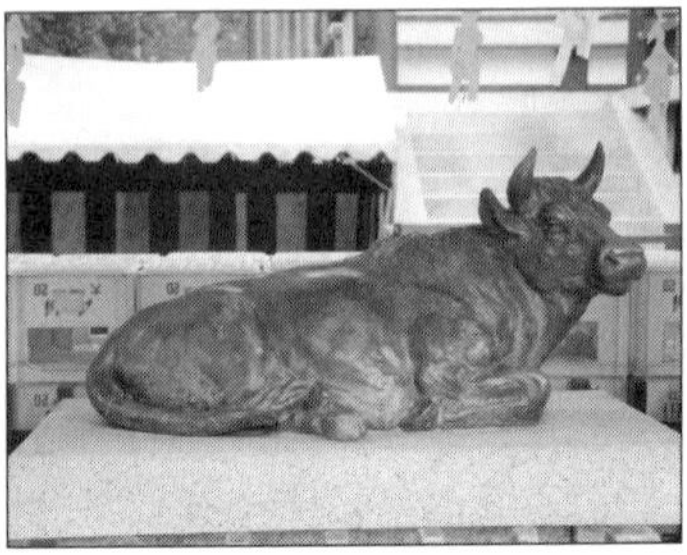

かっこいい御神牛。テカテカと光っている。頭を撫でよう

アオサギ）。そして正面に本殿。右の手水舎で清めてからお詣りしよう。

左には５歳の菅原道真像の横に、檜に掘られた鷽《ウソ》の文字がある。鷽というのは天神様ゆかりの鳥だ。１月には「鷽替え神事」が行われる。これは〝鷽〟を〝嘘〟になぞらえて、「前年のウソを納めて、新しいウソを求める。すると凶もウソとなり吉に替わる」というもの。「前年のよくなかった事や厄災は、全部ウソウソ！　だから今年はいい年！」という祈念だと解釈。

本殿の左には「**御神牛**《ごしんぎゅう》」の像がある。菅原道真公（天神様）はなにかと牛と縁があり、牛は天神様のお使いといわれることもあり、この像の頭を撫でると知恵がつくとのこと。ここ『亀戸天神社』にはこの１頭だけだが、太宰府天満宮には御神牛は10体以上いるという。すべての牛の頭を撫でないといけないのだろうか？　亀戸は１頭でよかった。そしてこの亀戸の御神牛はとてもフォルムがいいと思う。かっこいい。１９６１年（昭和36年）の３００年祭に奉納されたものとのこと。

緑と水がある『亀戸天神社』は、車が行き交う大通りからも近いのに、不思議と空気がよく居心地がいい。

散歩へ戻ろう。

パン工房　王様のかくれ家。入り口手前に猫の足跡が描かれている。外のテーブルで食べてもいいようだ

●くず餅の元祖『船橋屋』と魅惑のパン屋

『亀戸天神社』でお詣りをしたら、くず餅の老舗『船橋屋』には寄っておきたい。『亀戸天神社』のすぐ近くに本店がある。はずなのだが、横十間《よこじっけん》川の天神橋まで来てしまった。こんなに離れてはいないはず、と思い戻ろうとしたら、橋の手前の角をショートカットするような道に小さな店があった。パン屋だ。

パンは好きだ。しかも店の入り口には猫の足跡が描かれている。

猫は大好きだ。入ってみる。

『パン工房　王様のかくれ家』。

もう一度書くが、小さな店だ。その小さなスペースにとても多くの種類のパンが並べられている。まるでおままごとをしているようで、小さな女の子も喜びそうな店だ。２０１９年５月にオープンした。

食パンから菓子パン、惣菜パン、カンパーニュやマフィンなどが所狭しと並んでいる。1日5本限定の「至高のシルク食パン」は、原料の北海道十勝産の小麦、キタノカオリの風味を大切にするためにバターや牛乳や卵を使っていないというのが驚き。焼かずに食べるのがオススメという「王様のちぎり食パン」も人気が高いとのこと。

惣菜パン（左）はおいしいし、にくきゅう（右）はかわいくておいしい

それでもやはり入口の猫の足跡が気になった。と思ったら店内に猫の足があった。それこそそのまま「**にくきゅう**」。猫の足の形だ。購入。持ってみると思った以上に重量がある。なかにはカスタードクリームが入っていて、パンの部分は重量通りもっちりとしていて食べ応えがあり腹にたまりそう。それでももう1にくきゅう食べたくなる。売り切れることもあるというのは納得。

ワインに合いそうな細くて短いバゲットといった感じの「トラディショネル」も生地がしっかりしている。

ほかにも天然酵母だけで焼き上げる「フリュイ」など、目移りしてしまう。惣菜パンの「ザ・ホットドッグ」、「白身魚フライタルタルソース」。どちらもパンの味がしっかりしていてお腹も満たされる。ホットドッグはこれまで食べたなかでもかなり上位。パンの種類は季節によっても変わるが、いつ来ても楽しくなるようなパン屋だ。

『亀戸天神社』の方へ少し戻ったら『**船橋屋本店**』があった。通り過ぎていただけだ。入口は少し奥まったところにある。

「元祖くず餅」と謳っているこの店、それもそのはず、創業はなんと1805年（文化2年）！　約450日をかけて乳酸発酵をした小麦澱粉

船橋屋本店。食べたらわかる、ほかとは違う、“元祖”くず餅！

を蒸し上げて作るというくず餅は、心地よい歯応えが感じられるとてもいい食感。「やはり450日かけた乳酸発酵は違うのである！」なんてことが言えるほど食通ではないのだが、添加物もりもりのくず餅と違うのはわかる。大ブームとなった同じ澱粉仲間のタピオカだが、そんなブームはどこ吹く風という貫禄がある。お土産もあるのだが、消費期限はわずか2日。余計なものが入っていない、できたてを食べてほしいという気持ちが感じられる。

●シメは亀戸名物のアレで決まり！

くず餅を食べてお土産も買って、意外と腹は満たされているが、別腹のアレを目指して駅へ戻ろう。

戻る途中には『鳥長』と『山長』という店が隣り合ってあったり、〝カフェ〟ではなく〝喫茶店〟然としていながら名前は『カフェ　セダン』という店があったり、煎餅焼き体験ができる『天神煎餅　大木屋』があったりして寄り道が楽しい。

夜になるとさらに活気づく『亀戸中央通り商店街』にはたくさんのホルモン焼き居酒屋がある。亀戸はホルモン焼き激戦区なのだ。ただ、目指し

亀戸に来たら必ず寄る亀戸餃子。キビキビ動くおばちゃんたちの働きぶりも好き

ている別腹のアレはホルモンではない。

『亀戸ぎょうざ』。

餃子は人によって好みが違う。皮の食感を重視する人、薄皮と厚皮、餡の肉の割合、野菜の割合、野菜の種類、大きさ、あとは……羽根？（羽根にこだわるのは理解できないけど）。なので、どこの店がいちばんというのは言えない。しかも餃子は得意な手料理のひとつなので、実は自分で作るものがいちばん好きだ。いろいろな店で食べても1位の座は揺るがなかった。それはもちろんいまでもそのままなのだが、この『亀戸餃子』を食べたときは「2位に認定」と思ってしまった。餡の具合が好みだった。具材と食感も自分のものに似たタイプだったのだ。この店が好きな理由はそれだけではない。

「餃子」（270円）はひと皿5つ。最初の注文はふた皿から。飲みものは「ビール大」（600円）、「老酒」（150円）、「デンキブラン」（200円）、「白乾（ぱいかる39度）」（250円）などなど。お酒が飲めなければ水のみでもだいじょうぶ。餃子は常に焼かれているので、注文すると割とすぐに出てくる。小皿には和がらしが載せられている。餃子に和がらしというのも初体験だった。小ぶりなのでひと皿もペロリといけてしまう。ふ

餃子と老酒。餃子は女性でもペロリといけるサイズ。それにしても延々と食べてしまいそう

た皿めの3個くらいを食べ終わるころに、店員さんが「もう1枚いきますか？」と聞いてくる。ここからはひと皿ずつ注文できる。まだ皿に2個残っている状態で次の皿が来ると、店員さんが残っている2個を新しい皿にザザッと移す。そういうとこ、嫌いじゃない。いくらでもいけそうで、ついついおかわりおかわりを繰り返してしまう。やわらかな決意で会計をお願いしようと思うのだが、「もう1枚？」と聞かれると、つい頷いてしまったりして。

以前取材で訪れた時にこんなことがあった。会計をして店を出て、駅近くまで歩いたところで領収書をもらうのを忘れてしまった。店に戻ってその旨を伝えると、焼き場の男性が、「あ、（カウンターの）そこに座っていたね。880円で領収書書いて〜」と店員さんに伝えていた。満席に近い状態で客も回転しているというのに、席も顔も金額も覚えていたことに驚いた。プロだと思った。なににおいてもプロというのは素晴らしい。そんなことがあって、亀戸に来たら必ず食べに行ってしまうようになったのだ。

満腹になって駅へ戻り、東武亀戸線に乗って帰路に就いた。

亀戸駅散歩マップ

❶亀戸梅屋敷　[住] 東京都江東区亀戸4-18-8

❷但元　いり豆本店　[住] 東京都江東区亀戸2-45-5

❸亀戸水神宮　[住] 東京都江東区亀戸4-11-19

❹亀戸天神社　[住] 東京都江東区亀戸3-6-1

❺パン工房　王様のかくれ家　[住] 東京都江東区亀戸3-1-1 辻ビル1F

❻船橋屋本店　[住] 東京都江東区亀戸3-2-14

❼亀戸ぎょうざ亀戸本店　[住] 東京都江東区亀戸５-3-3

【東武スカイツリーライン】

東向島駅

予想をいい方向に裏切られた街は女性ががんばる店がおいしい

東向島駅。どことなく下町の雰囲気が感じられる駅前。人の行き来は多い

東京都墨田区東向島。浅草駅から北千住駅までは隅田川と荒川の間の下町を通っている東武スカイツリーライン。東向島駅は浅草駅からみっつめ。開設は1902年（明治35年）で、住居表示に合わせた現在の駅名になる前は、〝玉ノ井〟駅だった。これは当時、花街として栄えていたこの界隈に悪代官が囲った妾の名だったと伝えられている。現在の駅名になったのは1988年（昭和63年）と、意外と新しい……か？　地元の人は玉ノ井という駅名も気に入っていた人が多かったらしい。

●電車の博物館で童心に帰る

駅の東側に出て右、南のほうへ少し歩くと、『**東武博物館**』の入口がある。

東武博物館。左は特急「けごん」、通称ネコひげ

東武線で日帰り散歩をしているのだから、これは入らずばなるまい。正直に書こう。多分子ども向けだろうと思って、それほど期待せずに入場した。

入口近くのミュージアムショップを抜けるといきなり機関車があった。ちょっと小振りかなと思ったが、説明を読むと当時としては大型だったようだ。１８９９年（明治32年）に輸入されたもので、１９６５年（昭和40年）まで伊勢崎線で貨物を牽引していたとのこと。

横には「浅草－西新井」と書かれた車両もあり、こちらはなかにも入れる。１両だけだが、綺麗に磨かれた昔の列車に乗り、運転席を見たりアンティークな木造の車内を歩いたりしていると、当時を知らないにしても懐かしさを感じてしまう。

お気づきだろうか、すでに少しテンションが上がってきている。電車に興奮してしまうのは、無意識のうちに男の子だった時代を思い出しているのかもしれない。

年表や車両の移り変わりを模型や写真で紹介している展示室を見てから、屋外に展示されている１９５０年代に日光や鬼怒川まで走っていた特急〝**けごん**〟、通称〝ネコひげ〟を見ていた。すると館内放送で、「間もなくパノラマショーがはじまる」との案内が。途中の展示はとりあえず後回

右は「浅草—西新井」の車内。木造でモダン。左は模型。一番奥は昔の日比谷線。シルバー

しにして、いそいそといちばん奥まで進んだ。

パノラマショーは、関東平野を走る東武鉄道の1日を、精巧ながら広さをギュッと圧縮したジオラマと1／80のHOゲージ車両で紹介。朝の通勤電車から終電で明かりが消えるまでのさまざまな路線をアナウンスとともに見せてくれた。観覧席では親子がたくさん楽しんでいる。ひとりで見ても楽しめたけど、小さい子どもと一緒に見られたらもっと楽しめるだろうなと思う。

このあとは奥から入口に向けて展示を見ていく。パノラマショーのすぐ近くの〝東武日光軌道線〟の車両が興味深かった。日光軌道という市内電車があったことは知っていたので、その車内に入れたのが嬉しい。東武日光駅から神橋、田母沢《たもざわ》、清滝《きよたき》などを通って、馬返《まがえり》まで行き、そこからケーブルカーで明智平まで登れた。以前は明智平の土産売り場にかつてのケーブルカーの駅跡を見ることができたのだが、リニューアル後のいまは見られない。日光軌道、乗ってみたかったなあ、現役のときに。

ドアのところに、「**危険！　閉る扉を押へぬように**」と書かれていて、旧仮名遣いにしても「おへぬように」とはなんだろう？　と3日間考えた。4日後、突然答えが落ちてきた。「おさえぬように」か。よかった、いろ

左は「押へぬように」、右は特急けごん

いろな人に質問しないで。恥ずかし。

明智平ロープウェイのゴンドラや途中まで見たけごん（ネコひげ）、電車やバスの運転シミュレーション、電車の走る仕組み（パンタグラフの上げ下げができる）を見て、2階へ。休憩コーナーでお弁当を食べている家族や、特急車内らしき椅子で爆睡しているおばさまを鑑賞したりして、たっぷり博物館を堪能してしまった。「期待せず」なんて書いてごめんなさい。

博物館を出て、また南へ。『向島百花園』へ向かおうと歩いていると、博物館の外にも**特急〝けごん〟**が。ネコひげとは違うデラックスロマンスカーだ。いまではそうでもないかもしれないが、当時は流線型とさえ言われた、格好いい車両。その隣には日光軌道の車両が。そう、さっき車内を歩いた、〝押へぬように〟の車両だ。最後まで楽しませてくれた『東武博物館』、ありがとう。

●庶民派の『向島百花園』でなごみの時を

それほど遠くないらしい**『向島百花園』**に向かう。ここも外から見たことがあるだけだった。

上は向島百花園の入口。左はつる物棚。ゴーヤーやヒョウタンがブラブラ

江戸時代に一流文化人の手によって造られた庭園で、大規模で優雅な大名庭園とは違う庶民的な雰囲気が魅力とのこと。実際に入園してみたらとても納得。派手な装飾はなく、草木と花を純粋に観賞しながらゆったりと散歩が楽しめる。造園に協力した文人墨客の句碑が29あり、足跡をたどることもできる。1938年（昭和13年）までは民営で、同年東京市に寄付された。1978年（昭和53年）には国の名勝及び史跡に指定されている。

この日は初夏で花が咲く狭間だったのか、百花繚乱とはいかなかったが、緑がモリモリと茂り、セミやトンボなどの昆虫や野鳥が元気だった。それにしてもよくぞこれだけ多くの種類の草木を集めたなと感嘆。

花は少ないがゆっくりと園内をまわった。実に悠々閑々としていたのだが、もう出入口に近いというところで少し気持ちが上がった。

つる物棚。

ちょうど花が終わって結実した時期で、ヘチマ、ヒョウタン、ヘビウリ、ゴーヤーがブラブラと成っていた。全部食べたい。ヒョウタンは食用じゃないと危険な場合もあるらしいが。ヘチマは味噌煮炒めにしたい。沖縄にはナーベーラーンブシーという料理がある。ナーベーラーがヘチマのこと。

まさか『向島百花園』で食欲を刺激されるとは思わなかった。

小さな小屋、吉備子屋。気さくなおばちゃんが目の前で作ってくれる

●お供がついてくるアノ団子で散歩の疲れを解消

来た道を戻らず、さらに西へと歩く。

地蔵坂通りを渡ったら、ポツンと小屋があった。実は目指していたのは、墨堤《ぼくてい》通りを渡ったところに見えている、「〃志満《じまん》草餅《くさもち》」という店。草餅をはじめとした上品で美味な和菓子が売られている。まあ、そこへ行く前に寄ってみようと、その小屋へ。

きびだんごを売っている『**吉備子屋**』。店の前の長椅子で３人家族がきびだんごを食べている。１人前５本２７０円。「５本も⁉」とちょっと怯み、持ち帰りにしようと思った。店前の長椅子に座ってひとりで食べるのもちょっと淋しいし。ひとりでブラブラ散歩をしている割に、そういうシャイが出ちゃうこともあるのだよ。

真空パックされていて、湯煎して食べるお土産用は10本５２５円。店内に入る。なかにも椅子があり、男性がおばちゃんと話をしていた。知り合いのようでもある。目の前にはお湯にザルが入っていて、その横にはきな粉が。ここで作ってくれるのかな？　男性が話を切り上げて出て行った。席も空いたので、お土産はやめて１人前を食べていくことにした。注文す

右は吉備子屋の年代物の真空管ラジオ。きびだんごを食べつつおばちゃんとお話しした

ると、お湯のなかのザルにきびだんごをそのままポチャン。おばちゃんは話しかけると気さくに答えてくれた。

店は40年以上の歴史がある。浅草店もあるというので、仲見世通りに入ってすぐのきびだんご屋かと思ったら、そこではなく、仲見世通りから少し外れたところにある店とのこと。本店はここ、東向島の店。

ほどなくして団子をお湯から上げて、きな粉をまぶす。5本といってもひと粒は小さいので食べられそうだ。ビタミンB1やE、食物繊維などを多く含むタカきびで作られた団子は予想以上にモッチモチ。これまで食べたきびだんごは、どちらかというとしっかり噛る団子だったが、これはまったく別物。とても柔らかく、きな粉との相性もとてもいい。「食べられそうだ」どころではなく、あっという間に完食してしまった。

店内にはラジオがかかっているのだが、これがまた**年代ものの真空管ラジオ**。素晴らしい。壁にかかる振り子時計も田舎のおばあちゃんの家っぽい。

本書に写真と一緒に載せていいか確認したら、「どうぞどうぞ、いろいろ取材は来ていますよ」と。雑誌にもいろいろ載っているようだ。おばちゃんは別の店も紹介してくれた。お土産も買っておけばよかった。

元気な姉さんが切り盛りをする、るしゃな島 in 海の家。変わった店名だな

店を出るタイミングでまた3人の客が来店。ゆったりしたペースでひっきりなし、という感じだ。ゆったりひっきりなし。

墨堤通りを渡って、『〝志満ん草餅』へ。創業百十余年という老舗で、よもぎの香りが高いと人気の草餅は餡入りと餡なしがある。餡なしは2個以上買うと、きな粉と蜜がつく。餡入りももちろんおいしいのだが、餡なしのきな粉&蜜が気に入った。

●下町の中にある海の家

地蔵坂通りを曳舟駅方面へ歩く。

下町らしい、雰囲気も味もよさそうな店がポツポツ見られる。「いなり寿し　のり巻き　専門店　向島　松むら」という店がある。秘伝のつゆを使ったいなりひと筋という老舗。２０１６年に現在の場所でリニューアルオープンをしたので、店はとても新しく綺麗。でも味は伝統のもの。１９００年代から継ぎ足されてきた秘伝のたれによるいなりはやや濃いめの味だった。

歩を進めて水戸街道（国道6号線）まで出た。交差する信号で左を見ると、『吉備子屋』のおばちゃんが紹介してくれた店があった。

るしゃな島 in 海の家の悟りちゃん。人形焼きの“揚げ”は珍しいね

『るしゃな島 in 海の家』。

2015年オープン。〝るしゃな〟というのは、奈良東大寺の大仏様、盧舎那仏像からお借りして、海の近くではないけど海の家が好きだから、このような名前をつけたとのこと。元気のいいお姉さんが切り盛りしている。『吉備子屋』のおばちゃんがオススメしてくれたのもうなずける。焼きそば、とんぺい焼き、お好み焼き、かき氷と、本当に海の家っぽいメニューが並ぶ。テイクアウトもできるが奥には座席もあり、店内飲食も可能。アルコールももちろんアル。かなり喉が鳴ってしまったが、この日は気温も高く陽射しも強い。まだ歩く距離があるので、我慢した。強い強い意思で我慢した。

そしてそんな海の家メニューに負けじと推されているのが、人形焼きならぬ、縁開き焼きの「悟りちゃん」だ。オリジナルの焼き型を使った完全オリジナル商品。卵をたっぷり使った生地で、あんこ、濃厚カスタード、チーズ、ミックスの4種類がある。さらに〝焼き〟と〝揚げ〟がある。焼きはいわゆる人形焼きのようなもの。揚げは焼いたあとに冷凍しておいたものをサッと揚げる。すると外はカリッとなり、なかはアイス状になっている。食べると縁が開くと書いてあるので、そりゃいただくよ。

下町人情キラキラ橘商店街はおいしい店が多いがこのそば屋もきっと美味だろうな

「好きなことをやってるの〜」と笑うお姉さんはパワフル。本当に力と縁がもらえそうだ。次回はこの店を第一目的地として来ようかな。

●おでんにはふられたけれど……

曳舟駅を越えてさらに進むと、これまたいい感じの肉屋、ケーキ屋、串焼き居酒屋などがポツポツと店を構えている。

さらに進み、**『下町人情キラキラ橘商店街』**にたどり着いた。戦前にはじまった商店街で、テレビでも取り上げられることが多い商店街だ。60年以上の歴史がある「大国屋」というおでん種の店が好きで、買って帰ろうと思っていた。暑い日でもおでんは食べるのだよ。が、この日はほとんどの店が定休日。「大国屋」も閉まっていた。

残念。うなだれて商店街を歩く。

お腹も空いてきたなあ……と肩を落としてお腹を押さえて歩いていると、シャッターに囲まれたなか、オアシスのように開いている店があった。「そば処　五福家」。扉の隙間からメニューが見えた。チャーハンとかもあるぞ、入ろう、と思って扉を開けかけたら、地元のおじちゃんおばちゃんがたくさんいる。入れない。怯んで入れないのではなく、満席だ。

休みが多い日でも営業してくれていたたこ焼き屋さん

さらにもう一段肩を落として歩くと、少し先にたこ焼き屋があった。**『たこ焼きこんこん』**。

たい焼きとたこ焼きとかき氷の店だ。ここも暑いなか元気なお姉さんがひとりで切り盛りしていた。

たこ焼きはソースの種類が豊富。店頭でも食べられるが、陽射しが強いところで食べる力があまり残っていなかったので、近くにある持ち込みオーケーの居酒屋でいただいた。熱々のたこ焼きとウーロンハイが陽に当たって火照った体に沁みた。

元気が出たのでこのあとは、八広駅から鐘ヶ淵駅のほうへはしご酒としよう。

東向島駅散歩マップ

❶東武博物館　[住] 東京都墨田区東向島4-28-16
❷向島百花園　[住] 東京都墨田区東向島3-18-3
❸吉備子屋　[住] 東京都墨田区東向島1-2-14
❹志゛満ん草餅　[住] 東京都墨田区堤通1-5-9
❺るしゃな島 in 海の家　[住] 東京都墨田区東向島3-36-7
❻下町人情キラキラ橘商店街　[住] 東京都墨田区京島3-49-1
❼たこ焼きこんこん　[住] 東京都墨田区京島3-52-3

【東武東上線】

大山駅

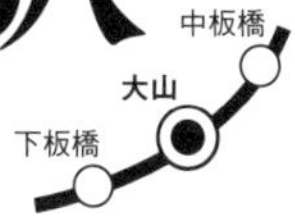

板橋区の大山を知っているかい？ ここは食い倒れの街かも!?

大山駅。夕方以降は乗降客がとても多い。朝の通勤時間帯もとても混雑しているのかも

板橋区にある大山駅。池袋駅から東武東上線でみっつ目。下板橋駅と中板橋駅に挟まれた、スーパーメジャー……とは言いづらい駅。なのだが、これまでに複数の知り合いが、「大山知ってる?」「大山でさぁ」「大山にね」と何かと話題をあげてきた。魅力がある街なのだな。かくいうわたくしも大山は大好きだ。とてもおいしい沖縄そばの店がなくなってしまったのは残念だが、「何をしに」というわけではなく、何もしないけどブラブラ歩きたくなるのは変わらない。

ということで、特に目的を持たず、散歩してみようと思う。多分、終わっても何も残っていないだろう。

商店街は平日の昼間から大勢の人で賑わい、活気がある。上は渡辺鮮魚で売られていた海鮮ちらし丼、500円

●有名アーケード商店街を物色

大山駅からは大きな商店街が2本延びており総延長は約1・1キロにも及ぶ。

メインの改札を出るとすぐ近くに踏切があり、そこから西に伸びるのが**『ハッピーロード大山商店街』**。約560メートルのアーケード商店街だ。歩き出してすぐ左手に目がいく。たくさんの人が買い物をしている『だるま市場』で、野菜、肉、惣菜、鮮魚などの店が並んでいる。大山に住んでいたら帰宅前の買い物はすべてここでOKというマーケットだ。

肉屋を覗いたら、冷凍の軟骨ソーキ肉（商品名はそう書いていなかったけど）が売られていた。買いたい。軟骨ソーキ肉、案外売っているところ少ないんだよなぁ。買いたい。トロトロに煮込んで食べたい。でもさすがに冷凍とはいえ生肉を持って歩くのはリスクがある。この日は暑かったし。次回に持ち越しだ。

野菜や惣菜を見つつ奥へ進むと、突き当たりには**『渡辺鮮魚』**の看板が。各種刺身の舟盛りふうの盛り合わせが売られている。サービスで酢飯100グラムが付くのもいいなあ。酢飯はなくなり次第終了ということなので、残っているか確認してみた。「ありますよ〜」とのこと。悩む。冷

正しく店が入れ替わっている気がする商店街だ。どちらもいずれ訪れたい店

凍肉を諦めて刺身を買うというのは本末転倒か。リスクはこちらの方が高いか。

じ……次回に持ち越そう。

●老舗と新店が入り混じる商店街

市場を出て左へ。アーケード商店街を進む。

おいしそうな大学芋が店頭に並んでいる甘味処、洋品店や中華屋、韓国料理屋、ラーメン屋、御菓子司、靴屋、日用品店など、さまざまな種類のお店が並ぶ。左右をくるくる見ながら歩いていて目が回ってきたころ、商店街がY字路にさしかかった。その合流点にある店に行列ができている。ここは『ハッピーロード大山商店街』のなかでも有名なクレープとソフトクリームの店「**ピエロ**」。手書きのメニューがものすごい数になっている。１９７９年（昭和54年）開業の老舗だから、メニューの数も増えていったのかな。

待っている人がとても多い、ので先へ進む。

40年以上の歴史があるクレープ屋さんがあると思ったら、小籠湯包専門店の「台湾タンパオ」という新しめの店があり、少し歩くと１９３６年（昭

K's キッチン。とても惹かれるサンドイッチ屋さん。ここも必ず寄ってしまう店

和11年）創業の老舗「アライ精肉店」がある。新旧の店がひしめくいい商店街だ。

「アライ精肉店」は国産にこだわっており、コロッケなどの惣菜も人気で、たびたびテレビなどにも登場している。〝ハム2枚にチーズをサンドしました‼〟と書かれている「チーズサンドハムカツ」に惹かれる。1枚買い食い。

ここまで来るといつもつい買ってしまうのが、隣にある1967年（昭和42年）開業の『**K'sキッチン**』に並ぶ手作りサンドイッチ。店舗で作られているサンドイッチは見た目にもフワッフワでたっぷり入っている具材もバラエティに富んでいる。半熟玉子が入ったハムカツとタマゴサンドがカップリングされた「とろたまハムカツ」や少し辛めなトマトソースの「メキシカンチキン」、「佐賀有明鶏のチキンカツ」やプレーンオムレツが入った「ビッグベーコンエッグ」など。また、野菜系も充実しているし、「フルーツ」や「ブルーベリーチーズ」、「タルタルフィッシュ」や「ビーフメンチ」などなどがあり、目移りするばかり。

迷った末、ポテト・玉子・ハム・チーズをサンドした一番人気の「スペシャル」と柔らかそうな肉とキャベツが密着している「ヒレカツ」を購入。

大山福地蔵尊。ぜひ商店街の途中で引き返さないでここまで来てほしい

みなさんはどうだろう。普通、サンドイッチは食べる分だけを買うのではないでしょうか。ひとつ、多くてもふたつだと思うのだが、この店ではいつも、ついあれもこれもと手が伸びてしまう。

……「ライ麦パンのツナタマゴ」も買ってしまった。

『ハッピーロード大山商店街』が終わり、川越街道に突き当たる直前に「福地蔵尊通り」がある。右へ50メートル程歩くとこぢんまりとした**『大山福地蔵尊』**があった。

約150年前、鎌倉街道にお福さんという行者がやって来て、街道筋の人々の難病苦行を癒し、亡くなった人馬を手厚く葬るなど衆生に尽くし、大山宿の住民からとても慕われていた。お福さんはその後、終生大山に住み、亡くなられた後にお地蔵様として祀られたという。

命日である8月13日には法要が行われ、お参りに来た人にはお菓子が振る舞われ、毎月3日、13日、23日には御開帳される。

前の道は2003年（平成15年）、区に申請して正式に「福地蔵尊通り」の名がつけられた。地蔵〝尊〟という、お地蔵様を敬う気持ちを込めている点が大山らしい気がした。

隣接する広大な敷地が更地になっていた。これから大きな何かが造られ

レストラン　パドマ。キーマカレーの向こうに大きなナンが見える。カジュアルイタリアンだけど、ナンもある。パスタは間違いない

るようだ。福地蔵尊に影響がないことを切に願う。

さて、駅の近くの踏切を渡り、『ハッピーロード大山商店街』の反対側に伸びる『遊座《ゆうざ》大山商店街』を歩いてみよう。と思い、踏切まで戻ったのだが、『だるま市場』の『渡辺鮮魚』に寄ってしまっていた。すごい引力。そして気づいたら「海鮮ちらし丼」を買ってしまっていた。新鮮な刺身がいろいろ載って５００円なんだもの。もちろん氷を入れてテイクアウト。先を急ごうっと。

●バングラデシュ人経営のイタリアン？

『遊座大山商店街』も飲食店が多く建ち並んでいる。こちらも中華や韓国料理、トルコ料理のケバブなど国際色豊か。

踏切から1分ほどで右手にコンビニがあり、そこを曲がったところにあるのが、**『レストラン　パドマ』**。カジュアルイタリアンの店で、店内はとても広く、大抵たくさんのお客さんで賑わっている。一度食べてみたかったので、はじめての入店。

大山はおいしい店が多いので、住んでいる人の舌も肥えているらしく、ニューオープンの店の明暗が割とはっきり分かれるらしい。そんななかこ

踏切を挟んでハッピーロードの反対側にある遊座大山商店街。こちらも楽しい

の広い店舗を続けているのはさすがだ。オーナーはバングラデシュ人のハッサンさん。商才があるのだろう。

この日のランチの日替わりセットは「キーマカレー」。ナンで食べるカレーは久しぶりだ。でも「サーモン&きのこのクリームソース」も食べたい。パスタは生パスタセット。朝から何も食べていないし、両方いっちゃうか！

と調子に乗ったらどデカイサイズのナンが出てきて食べる前にゲップが出てしまいそうになった。もちろん嬉しいのだよ。クリームソース好きにも納得のパスタだって完食するさ。

散歩するたびに胃が大きくなるって、おかしいよな、と思いつつ満腹満足で店をあとにした。

ディナーメニューはパスタもカレーもピザも種類が豊富になるし、一品料理でお酒も飲める。あ、お酒はランチでも飲めるけど、そこは自粛。

●ベトナムサンドイッチのうまさに感動

もとの『遊座大山商店街』に戻った。コンビニの向かいに板橋区立文化会館があり、商店街を横切る形でそれを右手に見て北へ進むと「板橋グ

出会えて嬉しかった店、O Banh Mi（オーバインミー）。オススメしたい……する！

リーンホール」がある。そこでは地元の団体、「いたばしプロレスリング」がたびたび興行を行なっている。地元に根付いた、元気をもらえるプロレス団体だ。この日は開催されていないが行ってみようと考えていた。のだが、文化会館の向かいに気になる店を発見。

ベトナムサンドイッチの店**『O Banh Mi**（オー・バイン・ミー）』。バインミーというベトナムのサンドイッチのファストフード店だ。ここ数年で人気、注目度が上がっているバインミーのお店。

入店。満腹なのに。

もちろんテイクアウトして味を体験しようと思っていた。なにしろ満腹だからして。

だが、パンを温めている時点で、「やっぱり食べていきます」と言ってしまっていた、満腹なはずの身体の口が。

店員さんはベトナム人の女性。オーナーは別にいるとのこと。ベトナム人と日本人とのこと。2018年（平成30年）にオープンした新しい店。

「3種類のベトナムハム＋豚焼肉」をいただく。

これまで、それほどバインミー体験があるわけではないのだが、これまで食べたなかでダントツ1位とさせていただく。「何個か食べただけで

BARパドマの美猫ちゃん。窓から通りを見ている様はバーの店主のようでもある

なにを言う」と思われるかもしれないが、餃子同様、個人的な主観で書かせてもらう。もし、バインミーを食べたことがあって、「私には合わない」と思った人でも、この店で食べたら考えが変わるかもしれない。あの独特なベトナムの酢漬け野菜もほどよいバランス。本店はベトナムにあるようなので、これは本場の味なのだろうな。

『K'sキッチン』同様、必ず寄りたい店が増えてしまった。フォーや春巻き、ドリンク類も充実している。

●シメは粋な蕎麦と日本酒で

再び駅を背にして進む。

途中に、先ほどの『レストラン　パドマ』の系列店である『**BARパドマ**』がある。ここは2匹の猫を飼っているバー。ハクとコクという美猫だ。さすがに時間が早いのでまだ開店していない。

本当にさまざまなタイプの店が続き、飽きないまま商店街の終わりまで来た。山手通りと交差して、その上を高速が走っている。

いい佇まいの食堂もあるが、さすがにもう食べられないだろう、と、駅に戻ろうとしたのだが、これまた気になる店が。

さんぽ径。お通しから素晴らしい。お酒の種類も多いし、蕎麦も間違いないし、つい昼呑みしてしまうな

『さんぽ径《みち》』。

本書にぴったりの店名じゃないか、というのが気になった理由の3割。あと7割は〝お蕎麦とお酒〟という小さな文字に惹かれた。蕎麦好きなのだ。そしてお酒好きなのだ。蕎麦と酒、久しくやっていないなあ。

と気づいたら入店していた。

2018年にオープンした店だが、その前は入間市で7年開業していて、その後こちらに越してきた。しかもご主人は飲食・料理人としては30年以上の経験があるという。独立開業するにあたり、いろいろな店を食べ歩き、呑み歩きしてさらに勉強。酒蔵も巡り、お酒の種類も厳選したうえで豊富なラインナップが揃っている。これまでの修行の経験も活かしている。ちなみに店名はご主人の名前の〝径《わたる》〟から取っている。イカしている。

本日のおすすめから「谷中生姜の肉巻き天ぷら」と壁に貼られたメニューの水茄子をオーダー。ついに昼間から日本酒をチビっと飲ってしまった。〆はもちろん蕎麦。どうした？　胃袋。底なしか。食べたいメニューはほかにもあるので、再訪を心に誓う。

店を出たらほぼ正面にたこ焼き居酒屋「**大だこ**」があり、お姉さんがた

左、今度は立ち寄りたい大だこ。上はBARパドマ近くで野良猫にご飯をあげる女子

こ焼きを焼いていた。うまそう。

さすがに無理。駅に戻ろう。

「ＢＡＲ パドマ」の近くへ来たら、道で女性が猫にご飯をあげていた。聞くと、野良らしい。彼女がお酒を飲んでいた店の店長もかわいがっている野良。

猫に優しい、おいしいものがたくさんある街、大山を堪能した。冒頭、「終わってもなにも残らない」なんて書いた。確かに当たっていた。全部食べちゃったから。でも心のなかにはいろいろなものが残った。思い出も、また来るメモも。

注意事項。

日帰り散歩でこんなに食べちゃいけません。そして、海鮮丼を持ち帰るのはいいけど、氷を入れたレジ袋は、いずれ水が滴るので電車内で迷惑となります。気をつけてね。

大山駅散歩マップ

❶だるま市場（渡辺水産）［住］東京都板橋区大山町5-8　❷ピエロ［住］東京都板橋区大山町31-5　❸K'sキッチン　［住］東京都板橋区大山町40-7　❹大山福地蔵尊　［住］東京都板橋区大山町54-1　❺レストラン パドマ　［住］東京都板橋区大山東町16-5　❻O Bain Mi　［住］東京都板橋区大山東町52-14　❼Bar パドマ　［住］東京都板橋区大山東町24-17　❽さんぽ径　［住］東京都板橋区大山東町38-5 大山三喜ビル 1F

【第二章】

埼玉編

大宮公園駅／川越駅／草加駅、獨協大学前〈草加松原〉駅／高坂駅、東松山駅

【東武アーバンパークライン】

大宮公園駅

一度来たら、また来る理由がたくさん見つかる街。それが大宮!?

大宮駅は新幹線も停車する大きなターミナル駅。

近くにはさいたま新都心があり、「さいたまスーパーアリーナ」では多くの人が賑わうイベントやライブが行われる。

斬新なデザインのビルが建ち並ぶ繁華街からは一旦離れよう。大宮駅から東武アーバンパークラインでふた駅、とても多くの人が行き交う大宮駅とは様子がまったく違う、ほのぼのとした小さな大宮公園駅からの散歩をスタート。

素朴な大宮公園駅。大宮駅の喧騒が嘘みたい。平日だからかな

●まずは大宮市民憩いの場へ

駅前の〝半日観光ルート〟という標識にしたがって歩くと、7分ほどで

埼玉県立歴史と民俗の博物館。近くには弓道場もあって、滅多に見られない矢を射るさまを見られることも

「**埼玉県立歴史と民俗の博物館**」が見えてきた。もう『**大宮公園**』に入っている。ここは、埼玉１００年記念事業として１９７１年（昭和46年）に県立博物館として誕生し、その後、２００６年（平成18年）に歴史と民俗の博物館としてリニューアルオープンした、その名のとおり、歴史、民俗、そして美術関係を展示している博物館で、「埼玉における人々のくらしと文化」をメインテーマとしている常設展示場と、期間ごとにテーマを決める特別展示室、四季の特性が感じられる季節展示室等で構成されている。国宝や重要文化財などの公開も行われるし、体験メニューなどもあるので、大人から子どもまでが学びながら楽しめる施設となっている。

博物館を過ぎるとすぐに木々が生い茂る林のなかの遊歩道を歩くことになり、池が見えてくる。池のほとりにはベンチがあり、本を読んでいる人やお弁当を食べている人、散歩途中の老夫婦が座っていて、とてもゆっくりした時間が過ぎているように感じる。

『大宮公園』は１８８５年（明治18年）に埼玉県の最初の県営公園として誕生。１９８０年（昭和55年）に開設された第二公園と２００１年（平成13年）に開設された第三公園を合わせると、総敷地面積が約68ヘクタールというかなり広大な公園。桜の名所でもある。池を越えてからも木々が生

大宮公園小動物園。食事に夢中のカピバラ。右のほうから亀がゆっくり歩いてきていた

い茂り、木漏れ日が遠くの地面まで続いていて全身の力が抜けそうになる、いい意味で。あ、だからベンチが点々と置かれているのか？　違うか。

遊具が置かれている広場に出た。「大宮公園児童スポーツランド」。

そしてその奥にあるのが、『**大宮公園小動物園**』。

最初は入場無料ということで、ウサギやリスなどの小動物がたくさんいて、子どもたちが直接触れ合えるようなコーナーかと思った。

しかし入ってみるとその予想は大きく覆された。

入り口付近のミニブタが暑さのせいかぐったりと寝ていたのは、ご愛嬌。なんだか映画『千と千尋の神隠し』を思い出した。心のなかで「きっと助けてあげるから、あんまり太っちゃダメだよ。食べられちゃうからね！」と言ってあげよう。その横にはヤギが凛と立ち大きなリクガメも。コモンリスザルは動きが速くて写真に撮りにくい。だが、猿エリアは子どもたちにも人気がある。活発に追いかけっこをする猿を見て、子どもたちもキャアキャア。猿と一緒だ。

アナグマ、シロフクロウ、タンチョウ、ヤマネコなど、なかなか見どころたっぷりな檻を順番に見ていき、人気の高いカピバラと会えた。一心不乱に食事中。カピバラはいつ見ても癒される。

ブチハイエナ。大きくて迫力ある顔

と、ほんわかした気分でいたら、その隣の檻にはブチハイエナが。正直、ハイエナをこんなに近くで見たのははじめてだった。想像以上に大きいし、骨まで砕くというがっしりした顎が力強さを感じさせる。落ち着きなく同じ場所を行ったり来たり歩く様がさらに恐怖心を煽る。

隣の檻にはニホンツキノワグマが！　と思ったらぐったり寝ていた。汗をかくような陽気の日だったからねえ。熊の手だけを鑑賞。

無料なのに珍しい動物や鳥までガッツリと観られて楽しめた。

児童公園から林に戻ると横には「大宮公園野球場」がある。

現在の球場は１９９２年（平成４年）に建て替えが行われ、国際規格の球場となっている。竣工されたのは１９３４年（昭和９年）で、竣工記念試合ではベーブ・ルースやルー・ゲーリックがガンガンとホームランを打ったという。また、１９５３年（昭和28年）には全国高校野球選手権南関東大会の試合で、佐倉一高の長嶋茂雄選手がバックスクリーンに特大のホームランを放ったことで話題となった。

野球場の隣にはサッカー場「ＮＡＣＫ５スタジアム大宮」がある。こちらも日本初のサッカー専用スタジアムとして開設されたのは１９６０年（昭和35年）という歴史あるスタジアム。まだ「大宮公園サッカー場」だっ

武蔵一宮氷川神社。鳥居をくぐる前には一礼を

た時代にはマラドーナやベッケンバウアーがプレイしたという。現在は大宮アルディージャの本拠地となっている。

　大宮はスポーツ振興に力を入れているのがわかるね。

●日本一の長さの参道を持つ神社

「日本庭園」やニシキゴイを見てから『大宮公園』を出て、南へ進む。**『武蔵一宮氷川神社』**へ向かおう。

　2400年以上前に第五代孝昭天皇の時代に創立されたといわれている神社で、御祭神は出雲神話に登場する須佐之男命《すさのおのみこと》、稲田姫命《いなだひめのみこと》、大己貴命《おおなむちのみこと》。国の発展と民の平安を祈って祀られた。

民の平安……いまもとても願っている。これはお詣りせねば！

　武蔵国では国内第一の神社として多くの人から崇敬を集めてきた。ここが〝大いなる宮居〟と呼ばれたことから、〝大宮〟の地名がつけられたともいわれている。

　ただ、ここで注意点がひとつ。今回のように大宮公園駅から公園散策を経て氷川神社へ来ると、境内、もしくは参道の横から入ることになるのだ。参道は遥か南、さいたま新都心駅近くまで伸びている。もし氷川神社への

左は茅の輪。右は楠木の巨木3本。パワーを感じてみよう

参拝がいちばんの目的であるならば、一の鳥居から約2キロという日本一長い参道を歩いてくるほうがいいかもしれない。並木道は気持ちがいいよ。鳥居をくぐるごとに一礼をしながら進んでこよう。

茅《ち》の輪《わ》をくぐり境内へ。手水舎で身を清めることを忘れずお詣り。

境内は回廊のようになっていて、神池には神橋が架かり、中央に舞殿がある。そこに寄り添うように**楠木の巨木**が。これは御神木ではないのだが、その幹の逞しさから長い年月を生きてきた力強さを感じるので抱きしめた。もちろん優しく。手のひらも当てて、パワーを渡したりもらったり。普段はパワースポット的なものは感じないのだが、この日はお詣りをしたあとに、とても気持ちよい空気を感じた。クマもブタもぐったりと寝るほど陽射しが強く、汗もかいていたが、このときは涼やかでさえあった。

木を撫でたりしていた子どもが巨木の根っこに乗っかったのを見てお母さんが、「あれはまずいな」と言って駆け寄り、「はい、遊んでくれてありがとうって言おうね（木に）」と連れて行った。つい自分も心で「遊んでくれてありがとう」と呟いてしまった。遊んでもらってはいないけど……いや、遊んでもらえたのかも？

〝**夏越《なごし》の大祓《おおはらえ》**〟というのをやっていた。「半年間の罪穢れを祓い清め、無

人形でお祓いをしてみたけど、うまくいったかな。とりあえず風邪などはひいていない

病息災を祈る古来より続くお祓いの神事」で、人の形の紙に名前を書き、その人形《ひとがた》に息を吹きかけ、人形で自分の体を撫で、人形に罪汚れを移し納める、というもの。

やってみた。大祓は6月と12月に行われるとの事。とても美しい神社で、気持ちよくなれた。

鳥居をくぐるごとに礼を返し参道を戻ったのだが、途中で御神木に触れていないことを思い出した。いつも何かしら忘れる癖がある。まあそれはまた来るための理由になるからいいけど。

●時間が経つとまた違う味わいが出る団子

真っ直ぐに伸びた並木道が気持ちいい。やはり一応端っこを歩いて戻った。参道の真ん中は神様が通るところだからね。

しばらく行くと、左手に「**氷川だんご**」の看板が。

フラフラと近寄ってみると、みたらし団子や揚げまんじゅうが売られている。ここまでなにも食べていないので、買い食い。

団子は焼きたてでぽにょぽにょに柔らかく、醤油の香ばしさもあり、あっという間に食べてしまった。店頭で買うこともできるし、店内のカ

氷川神社の巨木。人が近くに立っているとその大きさがよくわかる

フェで食べることもできる。店内で食べると梅茶がつくし、価格は変わる。お店は50年以上の歴史がある老舗。

団子はその日の生地をその日の朝に仕込んでいるという。粉と水の配分やこね具合と蒸し加減は実に繊細。季節に合わせて微妙に変えているらしい。醤油のタレは創業以来継ぎ足して使っている店独自のもの。

話を聞くと、お土産で買って帰った団子は固くなるというより〝締まる〟とのこと。締まっておいしくなるともいえるらしい。焼きたての柔らかさが、時間をおくと少しずつ締まりが出る。それがまた新たなおいしさを生むという。

とはいえ、余計な添加物は一切使っていないので、それほど日持ちはしない。固くなりすぎたらレンジで温めると柔らかくなる。

●大宮の酒場を漫喫

一の鳥居まで行かず、大宮駅に向かうことにした。

途中になんともモダンな建物に遭遇。「**大宮製油合名会社**」とある。「昭和初期の建造物だな。かっこいいな」と思って駅に向かってしまったのだが、あとで調べたら創業１９０６年（明治39年）で、胡麻油やオリーブ油

大宮製油合名会社。次回、大宮に来たときは必ず入りたいと思う

などが売られているらしい。買いたかった！　これも、また来るための理由づけだ。

駅前に到着。

以前行ったことがある串焼き居酒屋（炉端焼き）に行こうと思った。

「串焼　通」。

ここはお通しに鯖の塩焼きが一尾出てくるような楽しい嬉しい店なのだ。刺身も串焼きもボリューム満点。〝軽く呑み〟ではなくガッツリ食べて呑む店。それでいて価格も抑えめなのが何度も行きたい気持ちにさせる。

だが、まだ時間が早いので、駅前の朝から呑める大人の社交場で休憩。

『**いづみや**』。

広い店内に長いテーブルがあり、その両側に椅子が並んでいる。働いているのは60～70代のおばちゃんたち。手際よく、威勢よく、「はい、そちらねー、詰めてねー」と誘導してくれる。壁に貼られた紙に、達筆な字でメニューがずらりと書き込まれている。定食や丼ものもある。

大宮育ちの知り合いは小学生のころ、父親に連れられて来ていたという。父は酒を、自分は飯を食べていた思い出があるという。いい思い出だな。

陽が高いうちから席を埋めている客の前には大きなジョッキのビールや

いづみや本店。大衆酒場王道のポテトサラダとハムカツをいただく

氷が入った酎ハイらしきジョッキ、日本酒らしき1合グラスが並んでいる。呑んでいるのだ、明るいうちから。

メニューに泡盛があるのが嬉しい。だが、1合が生《き》で出てくるのだ。300円もしないのに。さすがに生で泡盛1合はキツイので、酎ハイを頼み、その氷が残ったジョッキに泡盛を移して呑むのがいつものやり方。

ポテトサラダとハムカツという王道をオーダーした。

ポテトサラダが出てきてから思い出した。そうそう、アイスディッシャーでポテサラを丸く盛り付けたやつだった。ひとりでプッと笑って食べたら、なんだか以前よりおいしくなっている気がした。

ハムカツのハムは薄くてフチが赤くなっているやつを揚げてサクッとさせている。「クリスピー」なんて言う人はここにはいないかもしれない。「これソースね、こっち醤油ね」とおばちゃんも以前より優しくなった気がする。もしかして『武蔵一宮氷川神社』のお詣りが早くも功を奏しているのか⁉

んなわきゃないか。

お酒もおかわりして、この日の「串焼　通」はお預け。またしても来る理由が増えてしまった。

大宮公園駅散歩マップ

❶埼玉県立歴史と民俗の博物館　[住] 埼玉県さいたま市大宮区高鼻町4-219
❷大宮公園小動物園　[住] 埼玉県さいたま市大宮区高鼻町4
❸武蔵一宮氷川神社　[住] 埼玉県さいたま市大宮区高鼻町1-407
❹氷川だんご　[住] 埼玉県さいたま市大宮区高鼻町2-12
❺大宮製油合資会社　[住] 埼玉県さいたま市大宮区大門町3-90
❻いづみや本店　[住] 埼玉県さいたま市大宮区大門町1-43

【東武亀戸線】

川越駅

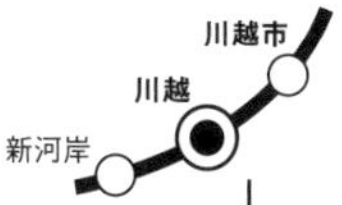

手軽に行ける江戸（小江戸）でしばし令和を忘れ、時空を飛ぶ1日旅

川越のランドマーク、時の鐘。ものすごく高いわけではないが趣はある

川越散歩をするとなると、「どの駅から行こうか」ということを少しだけ考えることになる。３つの駅が割と近いところに集まっているのだ。東武東上線なら川越市駅とひとつ隣の川越駅。川越駅はＪＲ川越線も通っている。西武新宿線なら始発終点となる本川越駅がある。

●不思議な怪しさの漂う『南院跡地』

この日は池袋から東武東上線快速に乗り約30分で到着する川越駅で下車。まずは『仙波《せんば》東照宮《とうしょうぐう》』や『喜多院』の方からまわってみることにした。『中院』を見てから『喜多院』の方へ向かおうとすると、住宅街の一角に不思議な空き地を発見。空き地だ。まごうかたなき空き地だ。そこに仏像、

南院跡地。最初出会ったときは、「ななな、なんだここ？」と思った。整備してほしい

石像、石碑などが無造作と言っていいくらいに置かれている。黄色と黒のロープが張られていて、入ることはできない。不思議というか、ちょっと怪しささえ感じる。妖しさ、と書いてもいいかもしれない。

だがここは**『南院跡地』**ということらしい。もともと『南院』があった場所はこの空き地の向かい側なのだが、仰々しい字で「南院跡地」と書かれている。『南院』はもとは『多聞院《たもんいん》』と呼ばれ、創建は『喜多院』『中院』と同時期で、この三院はひとつのお寺だった。観光客が大勢訪れる『喜多院』に比べ、廃寺となった『南院』の遺跡は雨ざらし状態。この光景はちょっと寂しさが胸に突き刺さるぞ。もうちょっとなんとかできないのかな。観光客が足を止めるとも思えない。いや、足を止めちゃったけどね。

看板には手毬唄の童謡「あんたがたどこさ」の発祥が川越だという説が書かれていた。「日枝神社古墳は仙波山の愛称で親しまれてきました」とある。『喜多院』の南側には『仙波東照宮』があるしね。

なんとなく、ふわっと空き地に一礼をして先に進んだ。

●『喜多院』の羅漢像で似た顔探し

『喜多院』に向かうと、途中にその、**『仙波東照宮』**がある。徳川家康の

左は仙波東照宮。見られなかった。右は仙波仙芳眞人入定塚碑。住宅街の一画にある

遺骨を久能山の東照宮から日光の東照宮に移す際、『喜多院』に4日間逗留して供養したことから創建されたという。鳥居に一礼するも、この日は参拝できない感じだったので、次へ。

さてもうすぐ『喜多院』だ、と思ったら、またまた住宅街に何やら跡地を発見。家と家の間の細い道の先に何かあるらしい。当然入ってみる。『仙波仙芳眞人入定塚碑』と書かれている。『喜多院』のルーツとなる仙人の伝説が残る地のようだ。おもしろいな、川越の住宅街。

ようやく『**喜多院**』へ。『喜多院』の鎮守社として建てられた『日枝神社』の鳥居に一礼してから『喜多院』へ。山門前では綺麗な紅葉が目を射ってきた。季節によって見せてくれる顔が違うのだろうな。

国指定重要文化財の『喜多院』には美しい外観の「多宝塔」や住職だった天海僧正の木像が安置されている「慈眼堂《じげんどう》」などのほか、「三代将軍徳川家光公誕生の間」「春日局化粧の間」が移築されている。江戸城の遺構はここだけとのこと。

500以上の羅漢像が並ぶ『**五百羅漢**』では自分に似た羅漢像があるらしい。探してみるのも楽しいが、つい「あ！　◎◎にソックリ！」とか、知り合いを見つけてしまう。どれも実に味がある顔をしている。

喜多院も見どころ満載。ゆっくりまわりたい。五百羅漢像は絶対に似ている人を探したくなる

●『小江戸蔵里』で川越グルメに触れる

ここからようやく観光施設である**『産業観光館　小江戸蔵里《こえどくらり》』**へ向かう。のだが、途中で**『出世稲荷神社』**と出会ってしまった。寄らずばなるまい。出世したい、のか？　出世？　出世ってなんだろう。なんてグルグル考えながらお詣りしたからご利益ないのかな。「お詣りは、気持ちを込めて、二礼二拍手一礼で」を心がけよう。参道にある数本のイチョウが気持ちよく天を突いていて素晴らしかった。

『小江戸蔵里』は市の産業観光館として２０１０年（平成22年）にオープン。もとは１８７５年（明治８年）に創業した酒蔵「鏡山《かがみやま》酒造」があった場所で、当時の雰囲気を残しつつ改修された。明治、大正、昭和に建てられた酒蔵は国の登録有形文化財に指定されており、それぞれを「おみやげ処（明治蔵）」「まかない処（大正蔵）」「ききざけ処（昭和蔵）」とコンセプト別の施設となっている。

「ききざけ処」は１９３１年（昭和６年）に建設された蔵で、埼玉県内の全蔵の日本酒が集まっている。それらを有料の試飲機で飲み比べができるコーナーや「発酵ばるコーナー」がある。埼玉県は日本酒生産量が全国４

左は出世稲荷神社の見事なイチョウ。右は小江戸蔵里のききざけ処

位なんだね。もちろん日本酒も販売している。鏡山酒造が後継問題で廃業してしまい、いっとき川越には酒蔵がなくなってしまったのだが、現在は『松本醤油』のなかの一角で『小江戸鏡山酒造』として小さな酒蔵が営業しているらしい。行くとこメモに書いておく。

大正初期に建てられた蔵の「まかない処」もおいしそうだし入ってみたかったが、まだちょっと時間が早いので、「おみやげ処」で買い食いをすることにした。「あまたまかりん」を買う。かりんとう饅頭だね、と決して軽く見ていたわけではないのだけど、予想を大きく上回ってきた。甘いけど甘くないというか、香ばしさもあり、「なにこれ⁉」と嬉しい驚き。追加で購入。江戸時代に川越で生まれたサツマイモの品種も名産品のひとつ。川越芋とも呼ばれている。なので、「川越ポテト」（芋ケーキ、かな）と「小江戸芋プリン」（プリン、だね）も購入。どれもおすすめだけど、「あまたまかりん」はもう一度来ても買いたいと思う。

●運試しの輪投げに挑戦

クレアモールという通りから大正浪漫夢通りへ向かう。途中、おばあちゃんたちが並んで買う「**だんご　かなめや**」やコカコーラの瓶の自動販

小さな団子屋だけどおばあちゃんたちが群がる。地元の人っぽい。おいしいんだろうなあ

売機などをチラ見。昭和っぽい風景だ。それにしてもあのだんご、買うべきだったな、と後悔する。

しばらく歩くと**『川越熊野神社』**が現れた。室町時代に紀州熊野本宮大社から分祀された開運・縁結びの神社とのこと。だが、鳥居をくぐるとすぐに足つぼロードのようなものがある。試したい気持ちはあるのだが、ウォーキングシューズの紐を解いて再び結ぶことを考えて、足つぼを踏まず二の足を踏んでしまった。ちょうどロードを歩きはじめた女性がいたので観察させてもらう。

子鹿のような歩き方で進み、みごとに「あ〜〜〜〜〜！」という叫びとともに途中リタイアしていた。

『熊野神社』には「銭洗弁財天　厳島神社」の銭洗い池や撫で蛇様、運試し輪投げなどがある。運試し輪投げはお遊びみたいなものなのだけど、少し順番待ちをするくらいに人がいた。もちろんやった。なにも引っかからず。ちぇ。他の人もどこにも引っかからず。と思っていたら、先ほどの足つぼロードで叫びを上げていた女性が、みごと金運に輪っかを入れていた。この人を撫でたらご利益あるかな。いや、ダメでしょ。ほかの人からも拍手をもらっていた女性。いまごろは金運上がりまくっているのだろうか。

意外と楽しめる熊野神社。上はわかりづらいかもしれないが、足つぼロード

大正浪漫夢通りを進むと、うなぎの有名店「小川菊」があった。うなぎも川越の名産なのだ。サツマイモ同様、江戸時代の話。当時は川が綺麗で、うなぎも豊富に捕れたらしい。牛や豚などの肉食が禁じられていた時代に川越の人々はうなぎでタンパク源を摂っていた。その名残が名物として残っているというわけだ。

待っている人もいたので、ここも今回は素通ることにする。たぶん、とてもおいしいんだろう。食べていないのでなんとも言えないが。

●あなどりがたし、醤油蔵！

仲町の交差点を過ぎて、行くとこメモに書いた『**松本醤油**』に着いた。蔵見学無料とあり、「川越唯一の酒蔵を見学できるぜ！」と心のなかで拳を握りしめたのだが、あれあれあれ、蔵見学は醤油蔵だった。正直、このときはちょっとガッカリしてしまった。酒蔵のつもりだったので。でも実際に見学をさせてもらったら、とても貴重でとても興味深く見させてもらえた。ガッカリしてごめんなさい。

蔵は1830年（天保元年）に建造されたもので、江戸時代から使い続けている桶が並んでいる。天然醸造で作り出される醤油は香り高い。

松本醤油。昔から残る蔵を見ることができる。炊き込みご飯の素やドレッシング、濃さの違う醤油などが買える

数種類の醤油やおいしい胡麻ドレッシング、おいしそうな炊き込みご飯の素など、お土産も目移りしてしまった。醤油やドレッシングは味見もさせてもらえるのだが、醤油の味にこれほど違いが出るとは思わなかった。醤油蔵、あなどるなかれ。

ちなみに小さいけれど真面目な酒蔵、『小江戸鏡山酒造』は見学はやっていなかった。外から様子を覗いただけ。無駄に大量生産をせず、真摯においしい酒造りを行っている。

仲町の交差点の角にあるお店が賑わっているので吸い込まれてしまった。**『小江戸　まめ屋』**。西新井、亀戸に続いて、また豆屋。どれだけ豆好きなんだよと思われてしまうな。まあ、嫌いじゃないけど。試食をどんどん勧めてくれるこのお店、なんだかはじめて来た気がしない、と思ったらそれもそのはず、西新井（41ページ）で豆を買った『まめ屋』と同じ会社だった。西新井と川越の2店舗を運営している。偶然にもその両方の店舗に吸い込まれるとは。

そしてまた豆を買った。やはり「きなこ豆」が好きだ。ぴりりとした「ちりめん山椒」の豆はお酒にも合う。

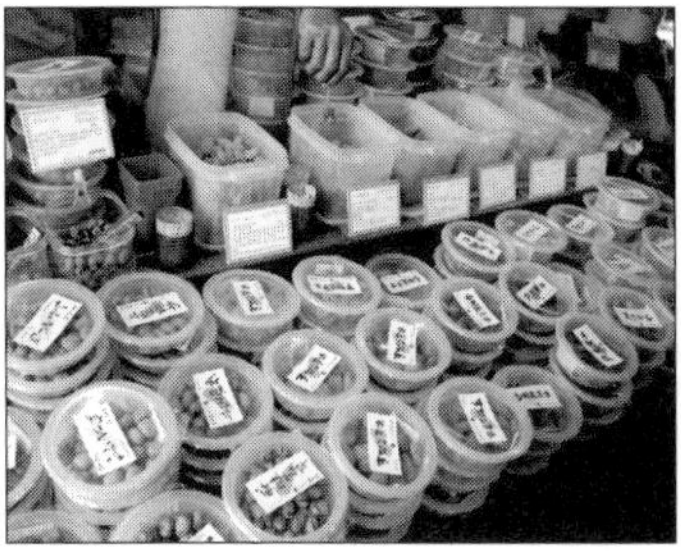

まめ屋。いろいろ試食もできるが、前回と同じものも買ってしまった

●たまの贅沢、絶品ウナギを堪能

　ここから蔵づくりの町並みを歩く。かっこいい蔵を眺めたり、おもしろそうな店に入ったりとぶらぶら。川越といったらコレ！　のランドマーク、「**時の鐘**」も眺めた。鐘の音は鳴っていなかったが、そのころはお腹が鳴っていた。

『菓子屋横丁』をぐるっとまわり、『川越城本丸御殿』へと向かおうとするが、お腹が減った。と、前屈みでフラフラ歩いていたら、〝うなぎ〟の看板発見。入るでしょう！

『**一貫**』。

　長屋のような建物の一画。入るとカウンターと座敷がある。カウンターにはさまざまなお酒が置いてあり、なんだか居酒屋風。と思ったらもともと居酒屋としても営業していたとのこと。お店自体は30年にもなるが、うなぎ一本でやるようになったのは２０１８年からとか。

　うな重はホクホクほろほろな柔らかいうなぎに絶妙なタレがかかっている。『松本醤油』のようないい醤油蔵があったからいいタレが作れて、川越でうなぎを食べるのが定着したともいわれている。うなぎの写真はカラーでも載せているが、ぜひ、実際に行って食べてみてほしい。

一貫。柔らかくてホロホロの身と川越ならではのタレ。実食おすすめ

●さらなる江戸の残香を求めて……

市役所を越えたあたりには『**川越城中ノ門堀跡**』がある。川越城を守る堀で、現在残されているのはここだけ。整地整備もされているが、かつてはここで敵の侵入を阻んでいた時代があったわけだ。少しだけそこに思いを馳せてみてもいいかも。しかし明治以降、城を潰し過ぎだと思う。当時はそんな言葉はなかったと思うけど、〝再開発〟はやはり好きじゃない。現代でも昭和の建物をどんどん潰している。後悔するんじゃないの⁉

『**川越城本丸御殿**』に着いた。

本丸御殿が現存するのは高知城と川越城だけという貴重な遺構。家老詰所では人形で当時の模様を再現している。当時の地図「本丸住居絵図」を見ると、広大な城であったことがわかる。徳川家康が江戸城に入ってからは重要な拠点となっていた川越城。『喜多院』にも江戸城の遺構があったように、川越と徳川家は密接な関係にあった。

江戸時代の遺構から明治・大正の町並みまでが残る川越。隅々まで楽しんでいたら1日散歩じゃ足りないな。

近くにある『**三芳野神社**』へ寄る。

川越城本丸御殿の奥に三芳野神社がある。御殿の近くでは遺跡の発掘が行われていた

ここはかつて川越城内にあった城の鎮守社で、一般庶民の参詣は難しかったらしい。そこから生まれたのが童謡「とおりゃんせ」だとか。

広い境内の奥にはちょっとした公園があり、子どもたちが遊んでいる。しかし、それよりなにより、猫がたくさんいる！　しかもすりすり寄ってくるやつもいる！　猫好き発動。撫でまくり。観察しまくり。猫と神社、いいね。しかし、このあと猫らしいハプニングが。

いい距離を保っていた茶トラの猫に小枝を持って遊んでいたら、まさかの枝ではなく、持っている手に、「にゃっ！」と爪で攻撃。流血。こんな形で引っ掻かれたのははじめてだ。

まさに〝行きはよいよい、帰りはこわい〟『三芳野神社』でした。

川越駅散歩マップ

❶南院跡地　[住] 埼玉県川越市小仙波町5-12　❷仙波東照宮　[住] 川越市小仙波町1-21-1　❸川越大師喜多院　[住] 川越市小仙波町1-20-1　❹出世稲荷神社　[住] 川越市松江町1-7　❺産業観光館　小江戸蔵里　[住] 川越市新富町1-10-1　❻松本醤油　[住] 川越市仲町10-13　❼小江戸まめ屋　[住] 川越市仲町5-13　❽菓子屋横丁　[住] 川越市元町2丁目　❾一貫　[住] 川越市元町1-11-3　❾川越城中ノ門堀跡　[住] 川越市郭町1-8-6　❿三芳野神社　[住] 川越市郭町2-25-11

【東武スカイツリーライン】

草加駅

獨協大学前〈草加松原〉駅

草加駅の隣は谷塚駅（埼玉県）、その隣は竹ノ塚駅（東京都）。草加駅から散歩旅スタート

草加といえば煎餅？
松尾芭蕉？　宿場町？

埼玉県と東京都の境に位置する草加市。浅草駅で東武スカイツリーラインに乗り、曳舟駅で急行に乗り換えれば約23分で着く。

江戸時代は宿場町として栄えた草加。江戸から北に向かい、千住宿の次の宿場町が草加だった。北千住（27ページ）でも書いたが、江戸深川を出た松尾芭蕉が船で千住宿に着き出立、最初に辿り着いたのが草加宿だった。「おくのほそ道」の話だ。

その時、芭蕉、実に46歳！

「もし生きて帰らばと、定めなき頼みの末をかけ、その日やうやう早加（草加）といふ宿にたどり着きにけり」と記し、約8・8キロ歩いた末の最初の休憩にホッとした気持ちが溢れている。

草加駅前のおせんさん像。空想で作られたものでしょう。休憩できる椅子とテーブルなので、おせんさんの隣に座れる

現代は、ウォーキングをする人も多いし、バックパッカー旅行者も結構な距離を歩く。もしかしたら、「8・8キロってたいしたことないじゃん！」と思う人もいるのかもしれないが、重い荷物を持ってウォーキングシューズも履かず、江戸時代の道を歩いたのだ。そう言ってくれるな。なにより芭蕉さんは、この先、計2400キロ歩くのだから。

「月日とは永遠の旅人であり（月日は百代の過客にして）、ゆく年くる年も旅人のようなものであることよなあ（行きかふ年もまた旅人なり）」（意訳）と書いた紀行文の先達は150日間歩き続けるのである。こちら、真逆の「1日散歩」で申し訳ない。

駅を出たら芭蕉も見たであろう松並木へ向かってみよう。

●まずは草加名物の〝アレ〟を食べよう

ところで、例えば誰かに「草加出身」と言ったとしよう。言われた相手の反応はほぼふたつではないか？「そうか〜」という化石レベルのダジャレか、「草加煎餅の！」だ。「おくのほそ道」の話を書いておいてなんだが、やはり草加といえば誰もが思い浮かべるのが〝草加煎餅〟だろう。

発祥は諸説あるが、宿場の茶店でお団子を出していた〝おせんさん〟と

街の風景を楽しみながら歩くのが散歩のいいところ。なにも深い歴史があるものでなくたっていいのです

いう女性が、旅をする侍から「団子を潰して焼いてくれ」と言われて出したところ、それが評判となり煎餅が生まれたという。煎餅の〝煎〟はおせんさんのせんなのか？　そんなおせんさんには草加駅の東口を出ると会える。煎餅を焼くおせんさんの像があるのだ。隣に座って写真も撮れるのだが、ひとり散歩ではちょっとそれはできない。

東へ向かい、県道へ。これが松並木へ続く道だ。歩道に『国指定名勝おくのほそ道の風景地　草加松原』と書かれた矢印が描かれている。進もう。

結構東へ進んで少しだけ大きい通りに出たのだが、ちょっと不安。ここでも地元の人に道を聞く。優しく教えてもらえた。歩を進めたが、それでも「おくのほそ道」とはかけ離れた景観の通りで「？」と思っていた。ただ、この日休業の鉄工所のシャッターに大きく「おせんべいの機械をつくっています！」と書かれているのはなんだか可愛いし、さらに進むとデザイナーズハウスのような家の2階に、セミアコっぽいかっこいいギターが置かれているのが見えた。スタジオもあるミュージシャンの家らしい。個人宅なので、失礼のないよう。

そんなこんなでピーピングをしつつ歩いていたら、ようやく煎餅屋さん

高瀬煎餅店。なにも買わず、本当に申し訳ない。今度行ったら必ず買います

が現れた。「**高瀬煎餅店**」。外から見えるところで煎餅を焼いているのはたぶんご主人。奥さんらしき人もいる。おばあさまもいる。

いい店だと思う。

だがここまでの道が正しいのかという不安が募り過ぎたのだと思う。

「まちかど観光案内所」というのぼりに目が行ってしまったのだと思う。

……慌てて道を聞いてしまった。マップももらって。なのに煎餅も買わず。本当にすみませんでした。

こういうマップを置いている場所は意外に多いので、チェックして寄ってみよう。お店だったら非礼なきよう。って……説得力ないか？

この「高瀬煎餅店」がある十字路のはす向かいにもお店がある。歴史がありそうな店名ロゴには、「志免屋せんべい」と書かれ、店頭に「大臣賞受賞」とだけ書かれた看板が置かれている。

ガラガラと入ってみると、お犬様が出迎え。激しく喋って（鳴いて）いる。苦手な人は入らない方がいいかも。お犬様のあとにおばあちゃん登場。手に入れたばかりのマップを見せて、「ここは、ここですよね？」と聞くと、

「ああ、それはこの道の先にあります。そちらへどうぞ」とのこと。

言われたところへ行ってみると、新しいビルに大きく店名が『**草加せん**

志免屋。パーフェクトを感じた店。昔ながらの煎餅が味わえる

べい　志免屋《しめや》』と掲げられている。あとで聞くと、先ほどの店は親戚が経営している「志免屋」で別オーナーとのこと。

入ってみると、とても綺麗な店内にものすごい種類の煎餅やあられ等が売られている。煎餅の個包装にも〝大臣賞受賞〟と刷られている。創業は1901年（明治34年）で、伝統の製法を引き継ぐ名店だ。

「特選堅焼」を購入した。

焼く前の「生地」も売られている。オーブントースターで焼けるらしい。好きな味付けで焼けるから、これもいいな。楽しそうだし。思い切り辛い煎餅も思い切り甘い煎餅も作ることができそう。

昔の煎餅作りの道具も展示されているし、煎餅焼き体験もできる。もうこれでこの店はパーフェクトな気がする。

パーフェクトなので、煎餅の感想を書く。個人の感想です。「特選堅焼」とあったが、それほどカチコチな固さではなかった。もっと固くてもいい。「唐辛子」はほどよい辛さで苦手な人でも味わえるタイプかな。お酒のつまみになる。「しそ」は煎餅1枚に大葉が1枚貼り付いている。少し焼かれた大葉が食べているとポロポロこぼれ落ちるのは玉に瑕だが、しっかり大葉の香りが味わえる。さすがの逸品。

やまとや洋品店の手書き。達筆。上はその一角にあるたばこ屋。手書き看板がわかるかな

現代のスーパーで売られているお菓子は、なにもかも味が濃い傾向に向かっているように感じる。それに比べたら、『志免屋』の煎餅は、総合的に味が薄めな気がした。でもこれこそが老舗の味なのかもしれない。薄めでも物足りなくはない、この味こそが、昔ながらの煎餅なのかもしれない。フォローじゃないが、『志免屋』の煎餅はオススメしたい。あと、フォローだが、「高瀬煎餅店」も次に来たら買いたいと思える店だ。

この日、いくつかの煎餅店をまわったのだが、前述のオススメの2店以外はどうにも暗かった。平日ということもあるのか、休みの店も多かったのだが、営業していても店内が暗い。現実的な明るさも雰囲気も。商売っ気も暗い。もしかしたらお馴染みさんで成り立っているのかなとも思ったが、だからといって、この営業はどうだろうか、と感じてしまった。

●レトロなたばこ屋と由緒正しき神社

西新井大師（41ページ）同様、ここでも**たばこ屋**に目がいってしまった。でもたばこ屋じゃなかった。店名を見ると洋品店だ。「紳士ワイシャツスラックス」「男子女子制服スラックス」と手書きで書かれている。その横にたばこコーナーが。そして手書きの大きな看板「たばこ」。味があるの

草加宿神明庵。ボランティアのスタッフさんはみな優しい。上はじゅうねんドレッシングなどの販売品

だよ。煎餅よりも濃い味が。

この『草加せんべい　志免屋』がある通りが旧日光街道だ。ここから松並木の方へ向かう。

するとまたいい雰囲気の古民家が、と思ったら「無料休憩所」だった。

『草加宿神明庵』。

草加市が古民家を無償で借り受けて２０１１年にオープンした、観光案内所であり、お休み処でもある。安政年間の古い形式の町家建築である〝久野邸〟はかつて飲食店で宿泊もできたという。明治の大火から逃れ、現在まで残った貴重な建築物だ。

優しく迎えてくれた女性たちは、ボランティアのスタッフさん。お茶をいただいて、目的地までの所要時間を聞いた。まったくしゃちほこばる必要のないお休み処だ。「じゅうねんドレッシング」「えごぽん（えごまポン酢）」など、草加市と姉妹都市となっている福島県昭和村の特産品も売られている。それほどゆっくりもしていられないので、出発。するとすぐ近くに鳥居が。

『神明宮』。

草加宿の総鎮守だ。１７１３年（正徳３年）に現在の地に建立されたが

上は神明宮。草加宿神明庵の近くにある。左はおせん公園の碑

天保年間に火災で焼失、1847年（弘化4年）に再建されたという。境内には力自慢が競ったときに抱えたのか、力石が残されている。

道なりに進むと、「草加せんべい発祥の地」という碑があった。ここが**『おせん公園』**だ。公園と呼ぶにはちょっと小さいけど。道を挟んだ反対側には像がある。でもどうやら松尾芭蕉ではない。「おくのほそ道」に同行した弟子の河合《かわい》曽良《そら》の像だ。ここを越えると、いよいよ1・5キロの松並木が続く、『草加松原遊歩道』だ。芭蕉になった気分で歩いてみるか。

●芭蕉が見た景色をたどる

河合曽良の像を見て道路を渡ると橋がある。『草加六丁目橋』という、伝右川《でんうかわ》に架かる橋だ。伝右川というのは全国的にはあまり知られていないかもしれないが、草加市では知られた綾瀬川の支流。駅名にもなった獨協大学にも流れていて、昔は魚釣りをする小学生もいたという。

ここから『草加松原遊歩道』、いわゆる松並木の道へ入っていく。伝右川とは大きさが違う綾瀬川沿いの道だ。

『札場《ふだば》河岸《がし》常夜灯』がある。江戸時代は川を使った輸送体系が主で、これは河岸を所有していた個人の遺構。お金持ちがここから私物を荷揚げして

望楼とその近くの松尾芭蕉見返りの像

いたのだろうか。

少し進むと、『**望楼**』がある。櫓だ。正面から見ると普通の四角い塔に見えるが、これは五角形。なかは螺旋階段になっている。

そしてようやく芭蕉像に会えた。「国指定名勝おくのほそ道の風景地草加松原」に来た気分が盛り上がる。この像は千住方面を振り返っている〝見返りの姿〟とのこと。前述した、草加に着いたときの感想を書いた〝草加の条〟といい、この見返りの姿といい、出発したばかりのころはかなり後ろ髪を引かれていたのだろうか、なんて思ってしまう。

綺麗な松並木が続く道を歩く。

この松は１６３０年（寛永7年）に草加宿開宿時に植えられたという説、１６８３年（天和3年）の綾瀬川開削《かいさく》時に植えられたという説などが残されている。しかし１９７０年代中期には排気ガスなどで古木が枯れ、約60本にまで減ってしまった。その後、有志やボランティア団体などにより「草加松並木保存会」が発足。若木の補植などを行い、５５０本を超えるまでに復活させたという。現在は東京スカイツリーの高さと同じ数の６３４本まで回復している。そのなかには江戸時代からこの道を見てきた約60本の古木が残っている。幹周りが2メートルにも及ぶ松の親分さんに、

矢立橋。高さもあって気持ちがいい

芭蕉さんが後ろ髪を引かれていたか聞いてみたい。

●〝東洋一のマンモス団地〟松原団地のいま

真っ直ぐな松並木の道を歩くと大きな太鼓橋が見えてくる。**『矢立橋』**だ。長さは96・3メートル。思っていたより大きいし、かっこいい。趣があるというより、なんかかっこいい橋だ。高いところからの眺めもいい。1994年（平成6年）に造られたこの橋の名は、「おくのほそ道」の「行く春や鳥啼き魚の目は泪、これを矢立の初めとして」から取られている。

ランニングをする人やベビーカーを押して散歩をする人、カップルやおじいちゃんなど、年齢層も目的もさまざまな人と行き交う。綾瀬川を渡るハープ橋を渡ると「まつばら綾瀬川公園」がある。桜並木があり、春はとても気持ちがよく家族で散歩する人も多い。今日は行かない。

ハープ橋を渡らずに先に進むと、ふたつめの太鼓橋**『百代橋《ひゃくたいばし》』**が見えてくる。もうおわかりだと思うが、「おくのほそ道」の「月日は百代の過客にして」から命名されている。

このまま日光まで歩いてもいいのだが、やめておこう。この百代橋から西へ向かうと、草加駅のひとつ隣の獨協大学前〈草加松原〉駅がある。

在りし日の松原団地。これは紛れもなくマンモスだ。かつてのニュータウンはもう存在しない

この駅はかつては松原団地駅という名だった。当時、〝東洋最大規模のマンモス団地〟と謳われた松原団地が誕生し、入居がはじまった１９６２年（昭和37年）に開業した駅だ。団地に入居者が殺到した時期はベビーブームでもあり、十数年後には新しい小学校や中学校も建設された。

だが老朽化が進み、解体・建て替えの再開発が行われることになる。同時に〝松原団地〟という名称も消えていき、駅名変更が決定した。確かに存在しない団地の名が駅名になっているというのはおかしいのかもしれないが、〝旧松原団地〟とか入れられなかったのかなと思う。

この日（２０１９年12月）、ひと棟でも残っていないかと団地のあった場所を歩いてみた。だが見つからず、駅近くの不動産などを管理しているところで尋ねてみた。すると、「ひと棟残っていたはず」と。希望がむくむくと湧いた、のも束の間、ほかの方が、「あそこもついこの間壊した」と言っていた。全壊。もうなにも残っていないようだ。〝松原団地〟はもうこの世に存在しない。その名前すらも。

とうなだれていたら、獨協大学近くには「松原団地記念公園」があり、駅近くには**『松原団地西口公園』**があるという。名前は残っている。『松原団地西口公園』には団地が健在だったころのモニュメントなども残

平和母子像。草加を散歩旅する際には、ぜひ台座の文字を読んでほしい（本文で書いちゃっているけど）

されていた。女性が赤ちゃんをおぶっている像の台座に書かれていた文章が素晴らしかったので、記しておく（台座原文ママ）。

「草加市平和都市宣言　我々は、国際化の進む今日、国境の枠を越えた『地球村』の一員として共存して行かなければならないのであり、今こそ人類の英知を平和の確立と核兵器の廃絶に向けて集結すべきである。」

　この像は1964年（昭和39年）に建てられた「**平和母子像**」というもので、そのころこのような文章が刻まれていたのかと感動したが、違った。「草加市平和都市宣言」は1987年（昭和62年）に宣言されたもので、この台座は2001年（平成13年）に再開発に伴って像が移動されたときに新たに造られたものだった。彫られた年は違ったが、それにしてもいい宣言だ。

●懐かしの味「珍来」
　松原団地の名残を感じたら、草加駅に戻って食事。さすがに腹ペコだ。『**珍来**』。埼玉県を中心に、東京の東から北にかけてと千葉、茨城にチェーン店がある中華の店。昔から知っているので知名度はあるのかと思っていたら、意外と知られていないようだ。30以上あるフランチャイズ店は『珍

草加駅近くの珍来。餃子と創業ラーメンも食べたいので、再訪を誓う

来』の味を守りつつ、地域に合わせた工夫を凝らしていて、味も値段も少しずつ違うという。今回行くのは草加駅近くの『珍来　総本店直営　草加駅前店』だ。総本店は4店のみ。

『珍来』は価格は普通だが量が多いと思う。そしてメニューも多い。ものすごく多い。麺類、チャーハンはもちろん、定食類もたくさんある。「創業ラーメン」（500円）というのも気になるのだが、この日はもうオーダーするものを決めていた。

『**草加せんべいおこげ**』だ。煎餅を中華料理のおこげにしてその上にあんかけの野菜炒めを載せたもの。これは総本店直営のなかでも2店舗でしか提供されていないオリジナルメニュー。だが、メニューのどこを見ても載っていない。終了してしまったのか……？　店員さんに聞いてみると、「あ、ありますよ」とのこと。オーダーすると、「ご飯じゃないですよ、うーん、つまみみたいなものですけどいいですか」と確認された。そんなにボリュームがあるわけじゃないのかな。

あと、これもどこの店舗でもやっているわけではないと思うのだが、席に着くとゆで玉子が出された。サービスらしい。

『草加せんべいおこげ』は草加煎餅の老舗「いけだ屋」とのコラボメ

「草加せんべいおこげ」。野菜炒めあんかけとパリパリおこげがベストマッチング。なくなるのはさびしい

ニューで、「いけだ屋」がこのメニュー専用に作った煎餅を使って、おこげを作る。そこに草加の名産品でもある小松菜を存分に入れた野菜炒めをあんかけで仕上げたものをかけるのだ。かつてはメニューにも載っていたのだが、なぜいまは載っていないのか。聞くと、「いけだ屋」が専用の煎餅を作るのをやめてしまったということだった。なので、あとは在庫がある分だけで終了となる。数十人分でなくなるとのこと。だからいまはメニューにも載せず、知っている人がオーダーする裏メニューになっているというわけだ。果たして本書発売時はどれだけ残っているのか。

運ばれてきた『**草加せんべいおこげ**』は確かに見た目はこれで満腹！という迫力はなかった。それでもゆで玉子ひとつとこれを食べればそれなりに満たされた。餃子もいきたかったが、この裏メニューの味をしっかり覚えておきたかったのでやめた。あと、口のなかを火傷した。そらそうだ、おこげとあんかけなのだからして。自分が悪い。

店を出ると店頭で若いお兄ちゃんが餃子を巻いていた。その巻き方が完全に自分と同じでなんだかニヤついてしまった。それもそのはず、餃子の巻き方は『珍来』でアルバイトをしているときに覚えたんだもの！

草加駅散歩マップ

❶高瀬煎餅店 ［住］埼玉県草加市神明2-2-6 ❷草加せんべい志免屋 ［住］埼玉県草加市神明1-11-1 ❸草加宿神明庵 ［住］埼玉県草加市神明1-6-14 ❹神明宮 ［住］埼玉県草加市神明1-6-6 ❺おせん公園 ［住］埼玉県草加市神明1-6 ❻矢立橋 ［住］埼玉県草加市草加松原遊歩道 ❼百代橋 ［住］埼玉県草加市松江1-1 ❽獨協大学前駅〈草加松原駅〉［住］埼玉県草加市松原1-1-1 ❾松原団地西口公園 ［住］埼玉県草加市松原1-1-10 ❿珍来総本店草加駅前店 ［住］埼玉県草加市高砂2-7-1

【東武東上線】

高坂駅
東松山駅

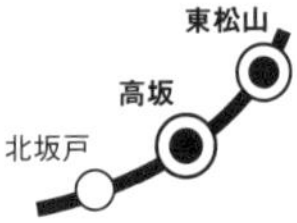

動物、うどん、豚のかしらで繋がる東松山市の1日旅

三角屋根の駅舎がかわいい高坂駅。歩いてもいけるが、駅前からバスに乗車して出発

東武東上線の高坂駅。住所は埼玉県東松山市で、東松山駅の隣。三角屋根の駅舎がなんだかのどかな雰囲気を醸し出している。

西口から鳩山ニュータウン行きのバスに乗車。約5分で着く**『こども動物自然公園』**へ向かった。駅から徒歩で約30分なのだが、ここはバスがおすすめ。なにせ動物園だからして。たっぷり園内を歩くよ。

その名の通り、子どもが楽しめる遊具や動物と触れ合える「なかよしコーナー」などがあるが、もちろん大人だって十分楽しめる。緑も多いので春から初夏は気持ちのいい森林浴散歩ができる。

●動物園はひとりでも楽しい

こども動物自然公園は、どの動物も割と近くで見られるのが嬉しい

正門から入ったら左の方へ。まずは首を長くして客を待っている**キリン**を見て、次にポニーを見た。ポニーは大人でも乗馬できる。そこから東園の方へ向かった。東園にはコアラやカンガルーがいる。当時大規模な山火事が起きていたオーストラリア支援の気持ちを持って向かった。

コアラ舎ではアリクイなどお休み中の動物が多かったが、**コアラ**は見られた。

コアラが日本に来たのは１９８４年（昭和59年）で、『こども動物自然公園』に来たのは１９８６年（昭和61年）。その後も育成を続けている全国でも稀有な動物園だ。

なんだろう、なぜだろう、あんなに鼻がでかいのに、なぜ可愛いのだろう。立っているときのＯ脚がたまらないし、お腹に子どもを抱えて木の上で寝ている姿も可愛い。子どもが生まれて間もないらしい。抱かれていて見えなかったけど。

コアラ舎を出たらカンガルーの方へ向かう。途中、１羽だけのエミューがいた。エサ箱に顔を突っ込んで食べていて、なかなか見えなかった。ダチョウ好きとしては、この飛べない大きな鳥も嫌いじゃない。

カンガルーはたくさんいた。エサを食べているが、たまにこちらを向い

こちらをガン見するカンガルー。逆にこちらをまったく気にせず寝こけるカピパラさん

てジッと視線を送ってくる。あの筋肉質を見るとちょっと怖いぞ。向かってきてキックしてこないかと思う。もちろん、そんなことは全然ないけど。跳ねている姿もデロンと横になっている姿も見られた。

遊具があるピクニック広場の横を通り、**カピバラ**とワラビーのところへ。カピバラはほとんど動かないけど、見ているだけで力が抜ける。本当にとぼけた可愛いでっかいネズミだ。

このあとは〝コバトンロード〟という木道を通ってカモシカのいるところへ向かう。コバトンというのは埼玉の県民の鳥であるシラコバトをモチーフにしたマスコットだ。そんな可愛い名前のロードだが、これがまた意外と長い。カモシカが近くを散歩するような説明書きもあったのだが、全然会えない。後ろを歩いている人の「これでなにもいなかったらどうしてくれよう」という呟きが聞こえた。

半分以上過ぎたあたりだろうか、突然**カモシカ**がいた。なんだか顔が人間のようで、「もののけ姫」に出てくるシシ神を思い出した。会えてよかった。

コバトンロードが終わるあたりで、背後の草むらでガササッと音が。割

たくさんのペンギンの泳ぐ姿をガラス越しのすぐ近くで見られる。左はカモシカ様

と近くだ。そんなたいした柵もないところにシシ神さまがいたら……と一気に緊張。

だが姿は見えない。音はする。

ジッと動かず素晴らしい集中力で草むらを凝視していたら……鳥だった。全体像は見えなかったが、小さな鳥だった。緊張から脱力。「鳥かよ！」とひとりごちてしまった。

そこから外周を歩いて「恐竜コーナー」、「花と鳥の丘」を越え、クジャクを見たら、その先にあるのが「ペンギンヒルズ」。

南米棲息の**フンボルトペンギン**が間近で見られる施設だ。丘とプールからなり、丘を散歩するペンギンが見られることも。また、1日2回のランチタイムには有料で餌やり体験もできる。

プールには人工波が作られ、横がガラス張りなので水中の様子も見られる。必死に泳ぐタイプやプカプカ浮いているタイプなど、個性豊か。とにかくその近さが嬉しい。

「ペンギンヒルズ」の近くには世界最小のシカ、プーズーがいる。ちょこっと出ているツノも愛らしい。

写真を撮ろうとすると立ち上がってくれるミーアキャット

その先にあるのは、2019年（令和元年）9月にオープンした小動物舎の「ecoハウチュー」。名前からも分かる通り、ネズミ系がたくさん見られる。あのハダカデバネズミもいる。その後はプレーリードッグやレッサーパンダなどの人気者が続き、立ち上がって写真を撮らせてくれるフォトジェニックな**ミーアキャット**には、思わず「ティモン」と声をかけてしまう。ハクナ・マタタはいい言葉だ。

乳牛コーナーなどもチラ見して、この日はそろそろ退園。いようと思えば3時間でも4時間でもいられそうだが、ほかの場所も散歩しないとね。

●無制限食べ放題のうどん屋で……

歩き回ってお腹が空いた。本当は9年ほど前に行ったことのある手打ち蕎麦の店『日の出家』に行こうと思っていたのだが、ここからだと坂道を15分くらい歩くことになる。我慢できない空腹。大人だけど空腹が我慢できない。

なので、もうひとつ気になっていた『こども動物自然公園』近くにある、〝昭和29年創業〟と書かれた**『武蔵野うどん　山崎製麺所　竹國　東松山店』**にイン。

コシのある武蔵野うどん。うどんをおかわりしてカレーと天ぷらも食べると、どうなるかわかる？

なにが気になっていたかって、ここ東松山店はうどん（麺）と天ぷら、白米、漬物が850円で無制限〝食べ放題〟なのだ。魅力的！いや、この時点では魅力的だと思っていた。この時点では……。魅力的なのは間違いないのだが……。

券売機でつけ汁を選びカウンターへ。「鳥汁うどん」にした。チケットを出すと、「うどんが茹で上がったらお呼びします」と番号札を渡された。そして、「天ぷらをどうぞー。今日はカレーも食べ放題ですー！」と衝撃的な発表。

これからうどんが来るというのに、先に天ぷらとカレーをよそってしまった。愚かだった。天ぷらの種類は、ちくわ、ごぼう、ネギ天、サツマイモ、かき揚げ、人参、しめじ、かぼちゃと豊富。好物のしめじを山盛り取ってしまった。愚かだった。でも、もちろんうどんが来る前にカレーを完食するようなことはしない。天ぷらだって味見程度だ。

うどんが来た。中心が凹んだ太めの麺。この凹みはこの店独特なもの。これによってより汁が麺に絡んでくる。このうどん、コシがしっかりある好きなタイプ。量も多くて嬉しい。

だが、この好きなタイプのうどんを食べ進めるにつれて募ってくるカ

物見山公園の麓にある日の出家。「子持白魚の天ぷらそばセット」は定番の人気メニューなのかも

レーとしめじの山盛りへの後悔。まずはうどんをしっかりおかわりして、堪能して、余裕があったら天ぷらとカレーをいっておくべきだったか。でも、もちろん食べ放題だからおかわりをした。麺半分でお願い。それでも満腹以上の満腹に。

まあ、これまでも〝食べ放題〟ではいつも負けたような気分になっていたのだが、また繰り返してしまったか、と。いや、満足はしているのだよ。大好きなタイプのうどんは本当にまた食べたいと思っている。自分のやり方が間違っていた。次に来たときは今回の愚かさを必ず思い出すようにしよう。

●『物見山公園』で見事な眺望を堪能

満腹の腹を抱えて大東文化大学方面へ進んだ。『埼玉県平和資料館』の塔が見えたが、ここは直進して**『物見山公園』**の入口に到着。そこにあるのが、前述した**『日の出家』**だ。この日は満腹を超えていたので、食べられるわけもないのだが、昔と変わらぬ店の佇まいが嬉しい。あれは東日本大震災の年だった、と思い出すと鼻の奥がつんとする。

物見山公園の頂上からの眺め。右端に埼玉県平和資料館の塔が見える

店は60年を超えるくらいの歴史があり、手打ち蕎麦の店になってからも25年近く経つ。人柄のいいご夫婦が切り盛りしており、9年前に食べた「子持白魚の天ぷらそばセット」はいまも店頭に書かれているくらいの推しメニューだった。あのとき唸った自分の味覚も間違いではなかったと密かに胸を張る。隣にはうな重も書かれている、それもいいな。

『物見山公園』は県指定の名勝で、なだらかな上り坂を歩いて135メートルの小高い山に登ることができる。頂上からの眺望も見事。4月には約4万本のツツジが咲き誇り、毎年「物見山つつじ祭り」が行われているのだが、2020年（令和2年）は新型コロナウイルスの影響で中止となってしまった。ツツジに罪はないのに残念。

頂上から**『埼玉県平和資料館』**の塔が見えたので、そちらに向かってみる。

ここは戦争の悲惨さと平和の尊さを後世に伝えるために創設された施設で、戦時中の市井の人々の過酷な生活や当時の教育内容を展示している。空襲の疑似体験や当時の道徳教育の体験などができ、戦争を起こしてはいけないという気持ちを再確認できるはずだ。戦争体験者が年々減っていっている現在、戦争を知らない世代は来る価値がある。

正法寺の鐘楼と大きなイチョウの木の根っこ。迫力がある

展望台からは天気がよければ関東平野、富士山、東京スカイツリーまでが見渡せる。この日はあいにくの曇天だったが、東京スカイツリーが蜘蛛の糸のように見えた。

ここからバス通りまで戻り、**『坂東札所第十番　岩殿観音《いわどのかんのん》　正法寺《しょうぼうじ》』**へ向かった。もう時間も遅いのだが、とりあえず天然記念物の大《おお》銀杏《いちょう》を見に行きたかったのだ。

太く、幾重にも絡み合った根は、一部は枯れているのだろうけど、生命力を感じずにはいられない。その幹の太さから頑固な親父さんが憮然とした表情で腕を組んでいるようでもある。圧巻だ。

今回はバス通りから入ってきたが、正面には長い参道があり長い階段がある。本来はそちらから参拝するのだろう。門前町の面影が残る参道から入ると、すぐ横に鐘楼がある。これは東松山市で最古の木造建造物といわれており、市の有形文化財に指定されている。もちろん打ち鳴らすことはできない。

●東松山名物〝やきとり〟は豚である

さて、ようやくうどんも消化されて……きていないが、バスで駅へ戻り、

桂馬のかしらはネギが間に。串以外のメニューも魅力的な店

東松山駅に移動。

東松山駅周辺は「やきとり」の暖簾を掲げた店が多い、日本でも有数のエリア。だが、串焼きのメインとなるのは豚のかしらだ。いまでは東松山以外で、「やきとん」という暖簾も見かけるが、ここ東松山の暖簾は「やきとり」が多い。でも「やきとり＝やきとん」なのだ。そしてかしらの串焼きに辛味噌ダレをつけて食べるのが東松山スタイル。この食べ方は全国にも広がっているが、その発祥はここ東松山といわれている。

その辛味噌ダレを開発したのは「大松屋」という店の、いまは亡きご主人らしい。「大松屋」は注文しなくても「ストップ」というまでかしらが焼かれて出てくるという独自の〝わんこかしら〟システムだった。かしら好きとしてはたまらない。

だが今回は、駅から繁華街と反対側へ歩き、**『桂馬』**へ向かった。こちらも歴史がある。お店は１９５７年（昭和32年）創業で、最初は白モツレバーがメインだった。かしらをメインにしたのは１９６７年（昭和42年）から。

肉は大きめで間にはネギが打たれている。焼き場を担当するのは青木《あおき》萃《すい》美《よし》さん。東松山市には全国でも初という「焼鳥組合」があり、萃美さんは

辛味噌ダレは肉に直接つけるのが東松山スタイル

長年そこの組合長を務めている。息子の豊さんも店に出ているが、この日は会えなかった。

　客層は男性ひとり客から女性数人のグループまで幅広い。串焼き以外にもメニューは多く、女性グループが頼んでいた「ごぼう天」を見て少し驚いた。その盛りに。「じゃが天」「たまねぎ天」「ソーセージ天」などもある。

　食べたい気持ちは山々なのだが、うどんが、まだいる、腹に。

　少しの串と少しの酒で、この日は会計。かしらを間に挟みながら「たまねぎ天」「ソーセージ天」で呑みに来ることを胸に誓って、うどんのいる腹に誓って、帰路に就いた。

高坂駅・東松山駅散歩マップ

❶埼玉県こども動物自然公園　［住］埼玉県東松山市岩殿554　❷武蔵野うどん山崎製麺所　竹國　東松山店　［住］埼玉県東松山市岩殿647-9　❸物見山公園　［住］埼玉県東松山市岩殿241-17　❹埼玉県平和資料館　［住］埼玉県東松山市岩殿241-113　❺岩殿観音　正法寺　［住］埼玉県東松山市岩殿1229　❻高坂駅　［住］埼玉県東松山市大字高坂1333-2　❼東松山駅　［住］埼玉県東松山市箭弓町1-12-11　❽桂馬　［住］埼玉県東松山市神明町2-2-14

その他の散歩!!スポット

【自然に包まれて癒される】
東武鉄道沿線の広大な公園

●森林公園駅（東武東上線）

東武東上線で池袋駅から快速急行を使って約50分で到着する森林公園駅には「国営武蔵丘陵森林公園」がある。

駅北口からバスを使えば国営武蔵丘陵森林公園の南口近くに着くが、駅から森林公園南口までは約２・９㎞。緑化遊歩道もあるので天気のいい日は、駅からの散歩もいい。

広大な敷地の「森林公園」

ここは明治百年記念事業の一環として整備された日本初の国営公園。東京ドーム65個分という大きさは、もはや容易に想像できない。

運動広場や渓流広場、展望広場、花木園、バーベキュー広場、サイクリングコース、展望レストランなどがある。

●清水公園駅（東武アーバンパークライン）

浅草駅から東武スカイツリーラインに乗り曳舟駅から急行に乗ると、約45分で春日部駅に到着。ここで東武アーバンパークラインに乗り換えて約20分。清水公園駅に到着する。住所は千葉県野田市。

『清水公園』は28万平方メートルという広大な敷地の自然公園。園内ではソメイヨシノをはじめとした約２０００本の桜が咲き誇り、「日本さくら名所１００選」にも選ばれている。園内にある「慈光山金乗院」の境内には「劫初《ごうしょ》の桜」という樹齢１４０年以上のソメイヨシノの巨木があり、早咲きの桜としても知られている。花に囲まれての散歩はとても癒される。大切な人と、家族と、親子と、もちろんひとりでも、出かけてみると気持ちいいはず。

「フィールドアスレチック」の水上コースは濡れるのを覚悟で。

「清水公園」にはポニー牧場もある

【第三章】

千葉、群馬、栃木編

東武ワールドスクウェア駅、鬼怒川温泉駅／鎌ケ谷駅／
館林駅、茂林寺前駅／足利市駅／東武宇都宮駅／東武日光駅

【東武鬼怒川線】

東武ワールドスクウェア駅

鬼怒川温泉駅

テーマパークと自然と温泉に癒される奥座敷散歩

東武ワールドスクウェア駅。出ると目の前に「東武ワールドスクウェア」があるきれいで新しい駅

「奥座敷」という言い方はもうあまり使われないのかと思っていたが、あにはからんや、まだ死語ではないようだ。東京の奥座敷、栃木県の鬼怒川温泉も日帰りで楽しめるスポットがあるので行ってみよう。

東武スカイツリーラインの浅草駅から特急スペーシアに乗れば、乗り換えは1回、時間帯によっては直通でも行ける。だが、今回はあえて下今市駅で乗り換えるルートを選択。2017年（平成29年）に誕生、というか再び動き出したSLに乗車するのだ。

『SL大樹《たいじゅ》』。

SLは外枠だけをしつらえたものではなく、石炭を焚いて走る本物の蒸気機関車。漆黒のフォルムがかっこいい。すっかりレトロスペクティブな

SL大樹。多くの人が写真や動画を撮影している。人気者

駅舎に改装された下今市駅を出て約35分で鬼怒川温泉駅へ着くのだが、そのひとつ手前の東武ワールドスクウェア駅で下車。この駅は2017年、SLと同時に開業した新しい駅だ。駅名のとおり、出るとすぐそこに『東武ワールドスクウェア』がある。鬼怒川温泉駅から来る場合は、『東武ワールドスクウェア』行きのバスが出ていて、約5分で着く。

●ミニチュア世界一周の旅

『**東武ワールドスクウェア**』は世界各国の歴史的建造物が精巧な25分の1サイズで展示されているテーマパークだ。どれもこれもその造りのクオリティの高さに唖然とする。顔を地面にひっつけるくらいにして入口から建物の上部を見上げるのも楽しいし、実際には肉眼で見られない最上階近くの凝った彫刻の飾りをじっくり見られるのもここでしかできない楽しみだ。東京タワーと東京スカイツリーを同時に写真に収められるし、サグラダファミリアと金閣寺の大きさの違いもよくわかる。

建物の周りにいる25分の1サイズの人形を見てみると意外な隠れキャラがいたりするので、そこにも注目。ニューヨークの裏路地ではミュージカルが展開していたよ。某人気お菓子の◯ールおじさんもどこかにいるので

右は新展示物のワット・アルン（タイ）。左は東京スカイツリー。人との大きさを見てみて

探してみてほしい。ピサの斜塔では同行の人を背景の建物と合わせて写真を撮るのがお約束。斜塔を支えたり倒したり。

２０１９年には新たな建物、タイはバンコクの「ワット・アルン」が追加された。これまた精巧な外壁の彫像を見ていると、25分の1とはいえ、できたての本物の神社よりもご利益がありそうな気持ちになる、と言ったらバチがあたるかな?

ここは、建造物に特段興味がない人でも十分楽しめると思う。ただし、予想以上に楽しんでじっくり見てしまいがちなのが必定、この後の予定はしっかり立てていくことをオススメする。この日も予定していた時間をオーバーした。でも楽しくて悔いなし。

●全長１４０メートル、絶景吊り橋

ここから約20分歩いて『鬼怒《きぬ》楯岩《たていわ》大吊橋《おおつりばし》』へ向かう。大根の絵が描かれた「追突事故　大根絶」という看板や、家のなかから曇りガラス越しに外を見ているハロー○ティちゃんなど、観光とはちょっとかけ離れた風景を見ながら歩いた。

実は『東武ワールドスクウェア』と『鬼怒楯岩大吊橋』の間には「そば

渡りきったら楯鬼がいた。そこから少し登ったら、もう吊り橋がこんなに下に見えた

処　大黒家」というおいしそうなそば屋があるので、そこで腹ごしらえをしようと思っていた。のだが、残念ながらこの日は臨時休業。店の前に停めた車のなかのおじさんも「ここを目当てに来たのに休みとは……」と途方に暮れていた。評判いいんだろうな、残念。次の機会には来てみたい。

気を取り直して進み、『鬼怒楯岩大吊橋』に到着。

高さ40メートルの眼下を鬼怒川が奇岩を縫うように流れ、季節によって表情を変える山々が視界いっぱいに広がる。全長140メートルの吊り橋は高所恐怖症の人にはけっこう大変かもしれない。

やんちゃな子どもは吊り橋を渡ると飛び跳ねたくなる性質を持っているので、その後ろを歩くのは禁物だ。自分は恐怖症ではないので大丈夫、と思っていたら後ろを歩く成人カップルが飛び跳ねて橋が揺れた。「大人げないやつらめ」と思って小さく舌打ちをした自分も大人げないか。

揺れたといってもぐらんぐらん揺れるような橋ではないので、それほど怖がることはない。ご安心を。

橋を渡った先にはちょっとした展望スペースがあり、〝楯鬼《たてき》〟という像がある。鬼怒川温泉駅前には〝鬼怒太〟像があり、鬼怒川温泉郷のさまざまな場所に計7体の像があるという。日帰り散歩ですべてまわるとなると、

頂上からの眺め。思っていた以上に高くて気持ちがよい

「それが目的」となりそうなので、あまり気にせず歩くことにする。

吊り橋を渡るだけでも、なかなかいい観光スポットに来た気持ちにはなったのだが、さらに先に**『楯岩展望台』**があるので、登ってみよう。展望スペースから階段を上り、右へ。緩やかな坂を歩く。途中途中に地滑りをした跡のようなものがある。そこを見上げると、スタジオジブリの作品に出てきそうな鬱蒼とした木々が広がっている。間近に自然を感じられるわけだ。ほどなくするとトンネルが現れた。確かに山を登っているのだからトンネルもあろう、うん。だが、緑がかった照明が怪しげな雰囲気を盛り上げてくれている。誰にも気づかれないようにゴクリとツバを飲む。いやいや、照明がなかったら真っ暗だから通れないか。さらに進むと、ようやく頂上付近に到着。そこにも地滑り注意の場所があった。フォトスポットとしては悪くない。そして鬼怒太像の仲間の〝誕生鬼〟像があった。なんだか彫りのタッチが違うし、どうやらこれは7体の鬼怒太像とは別ものっぽい。つまり8体目の鬼怒太像ということか?

縁結びの神社があり、その先に階段が。そこから頂上の展望台へと上れる。階段は、割と急で高さもあるので、ここまで来て、「えーこれ上るの?」と言いたくならないわけでもないわけでもないが、上ろう。

天候に恵まれて水が綺麗だったら鬼怒川ライン下りも楽しめる。いろいろな奇岩を見られる

頂上からの景色は、温泉街や遠くの鶏頂山《けいちょうざん》なども見渡せる、ここに来ないと見られないもの。『鬼怒楯岩大吊橋』がとても小さく見えて、ようやくこの高さまで登ったことが実感できる。そんなに登った感覚がないのがまたいい。展望台にある鐘を鳴らして降りよう。

なだらかな坂を降りるときに高齢ご夫婦とすれ違い、心の中で「急な階段がありますよー」と言っておいたが、ご夫婦は手を繋いでいるのでだいじょうぶかな。

●おさるの山で猿にも個性があると知る

ここから徒歩約15分で**鬼怒川のライン下り**の乗り場へ行ける。やれることはやっちゃおうと思い向かった。が、この日はあいにくの悪天候続きで中止。川の水も濁りまくっていたので予想はしていたが、残念。水の色が戻るまで再開しないそうだ。台風の時季などは中止が重なるので要チェック。

このライン下りの近くからは『**鬼怒川温泉ロープウェイ　おさるの山**』への無料バスが出ている。それに乗るのもいいが、「そば処　大黒家」がやっていなかったので、腹ごしらえを。

右は鬼怒川温泉ふれあい橋の鬼怒太階段。左はラーメン八海山。「たろう餃子」とある

店名がわかりづらいが、**『ラーメン八海山』**へ行った。鬼怒川太朗さんの名前がでかでかと出ているので、それを探したほうが見つけやすいかもしれない。ラーメンと餃子とオーナーの美声がおいしい店。オーナーはデビューもしている演歌歌手さん。この日は会えなかったが、貸切の2階から歌声が聴こえてきていた。

野菜の食感を感じる餃子は好きなタイプ。懐かしさを感じるラーメンもクセになるのだが、この日はちょっとぬるかった。たまたまだな、たまたま。ラーメン屋の向かいにはオリジナルのきぬ太焼きなども売っているし、ホットグの店もできていた。商才があるなあ、太朗社長。ラーメンと餃子は安定の味。食べ終えて、せっかくだから周辺を歩いてみた。

昔ながらの温泉街らしい遊技場は営業していないようで、扉は締切。営業されない少し荒れた店内にお犬様が悲しげに居たのが忘れられない。

『鬼怒川温泉ふれあい橋』は階段に大きな鬼怒太の絵が描かれた観光名所。名所？　か？　ふれあい橋でも座っている〝鬼怒太〟像と会えた。その隣というか、もう1本離れた橋には〝鬼怒子〟像がある。唯一の女子鬼怒像だ。ここは足湯施設（**『鬼怒子の湯』**という）で、橋の上から鬼怒川を眺めながら足湯で疲れを取ることができる。意外と地元の方が利用している

おさると書くとかわいいが、意外な凶暴性も見られる。2匹でベッタリと寝ているやつもいる

るのがいい。もうここまで来たらライン下りのバス乗り場へ戻るよりもおさるの山まで行ってしまおう。

ケーブルカーで山頂まで約4分。標高差は300メートル。山頂からはこれまた温泉街を見渡せる。楯岩よりもこちらの方が絶景かな、なんて。

サルたちとは金網越しに対面。100円でエサを買い、長いスプーンのようなものであげる。あげるのを焦らしたりして楽しんでいると、猿の個性がわかってくる。「ありがとう」とモグモグする子猿、「さっさと渡せよ！」とぶんどって睨む性格の悪そうな猿、ほかのやつに取られまいとすぐに遠くへ持っていくやつ。エサひと袋は飽きずにあげられた。飼育員さんによる餌やりも見られて満足。

『東武ワールドスクウェア』でもそうだったが、どうもこういう施設では同時に入った人よりも出るのが遅くなる。つい隅々まで楽しんでしまうのだな。ケーブルカーで降りようと思ったら、一緒に登って来たひとはひとりもいなかった。すでにみなさん下山済み。

●帰りは特急スペーシアで楽々

一般人は明治以降に入ることを許された鬼怒川温泉。「傷は川治、火傷

いまは景色も美しい渓流の鬼怒川だが、昔は鬼が怒っているような荒々しい流れだったことからこの名がついた

は滝（鬼怒川）」といわれるほど湯治場として多くの人が訪れていた。日帰り温泉もあるので、肩まで浸かることもできたかもしれないが、この日はいろいろまわって予定時間もオーバーしていたので帰路に就いた。鬼怒川温泉駅で鬼怒太像とようやく対面して東武特急スペーシアに乗車。

今回はＳＬに乗ったので、駅構内の『BENTO CAFE KODAMA』で機関車のシルエットが描かれた「**ミルフィーユかつサンド**」を購入。ガッツリとカツが挟まったサンドイッチだが、中身は特に機関車とは関係なかった。

電車内での呑み食いは発車後が基本だと思っている。

ゆっくり動き出すのを待ってから、カツサンドを食べつつ鬼怒川温泉をあとにした。

東武ワールドスクウェア駅、鬼怒川温泉駅散歩マップ

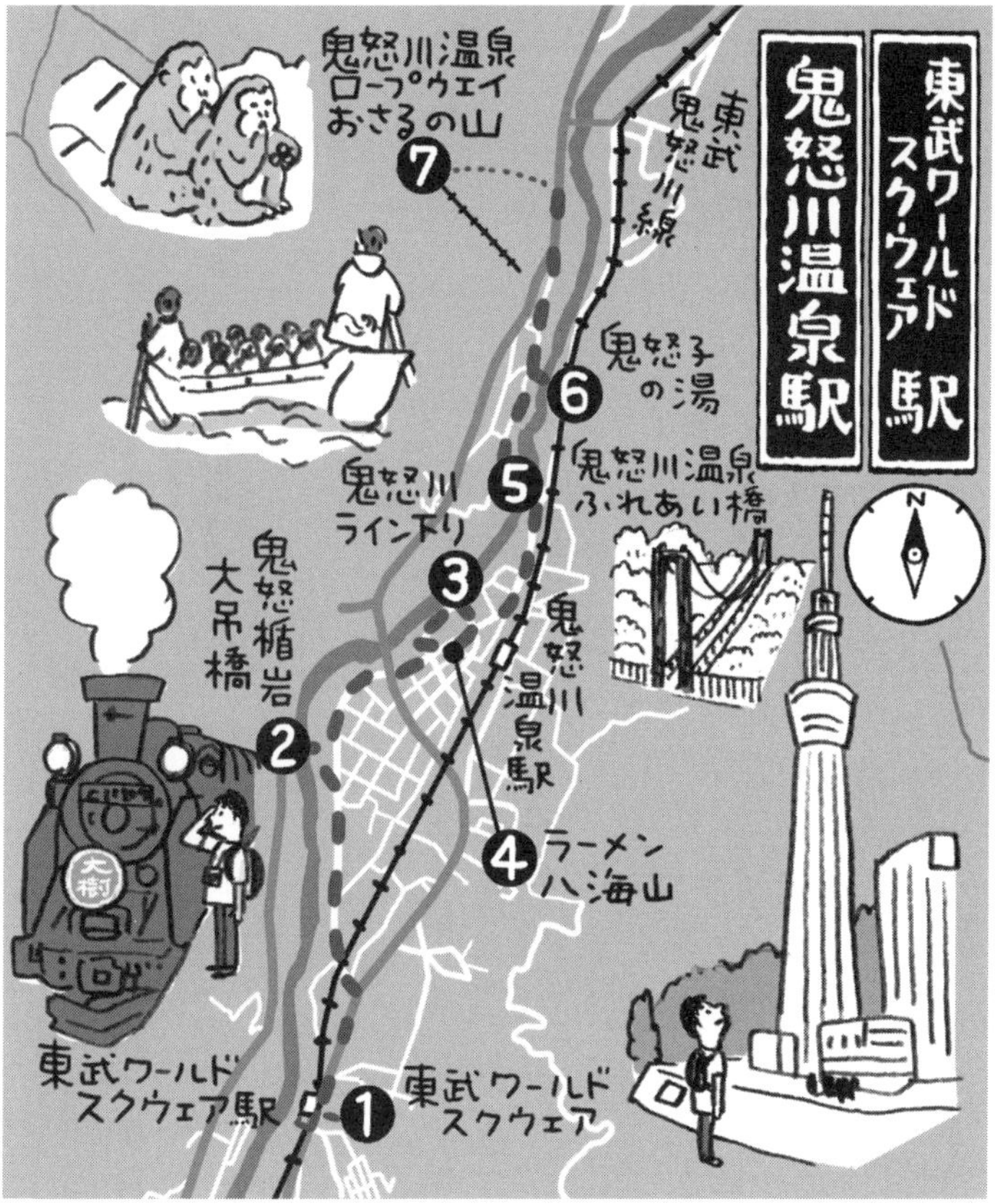

❶東武ワールドスクウェア　［住］栃木県日光市鬼怒川温泉大原209-1　❷鬼怒楯岩大吊橋　［住］栃木県日光市鬼怒川温泉大原1436　❸鬼怒川ライン下り　［住］栃木県日光市鬼怒川温泉大原1393-8　❹ラーメン八海山　［住］栃木県日光市鬼怒川温泉大原1403-11　❺鬼怒川温泉ふれあい橋　［住］栃木県日光市鬼怒川温泉滝476-4　❻鬼怒子の湯　［住］栃木県日光市藤原1-15　❼鬼怒川温泉ロープウェイおさるの山　［住］栃木県日光市鬼怒川温泉滝634

【東武アーバンパークライン】

鎌ケ谷駅

緑豊かな公園や神社を巡り 小ちゃい大仏をチラ見する1日旅

埼玉県の大宮駅から春日部駅を通り、千葉県の柏駅を経由して船橋駅までを結んでいるのが東武アーバンパークライン。すでに大宮散歩でもこの路線に乗っているが、考えてみたら40代以上の人は「は？　アーバン？　なに？」と思うかもしれない。これは東武野田線のこと。愛称として定着してきているようだ。

柏駅と船橋駅の間にあるいくつかの駅のひとつ、鎌ケ谷駅。こちらもそれほど知名度は高くないだろう。だが都心からはわずか25キロしか離れていないのに、緑の多い公園や農地がたくさんある自然豊かなエリアだったりする。しかも文化財もたくさんある。文化財巡りとまではいかないが、千葉県北西部の鎌ケ谷駅周辺を散歩してみよう。

はじめて降りた鎌ケ谷駅。ざっくりとした目的地を目指して出発

左は木々がモリモリとしている東中沢ふれあい緑道。上は貝柄山公園に入ったらすぐに会った猫たち

●鎌ケ谷市民の憩いの場かな？

まずは鎌ケ谷駅西口を出て『**貝柄山公園**《かいがらやまこうえん》』へ向かう。駅前は小さなロータリーで道がどちらへ伸びているのかわかりづらかったので、交番で道を聞く。わからなかったら地元の人に道を聞くのがいちばん。できるだけ時間を無駄にしないで前に進むことが大切だ。親切に教えてくれたわかりやすい道を行くことにする。

歩き出して5分ほどのところに実にいい佇まいの和菓子屋があった。「御菓子司　馬場菓子舗」という老舗だ。ここは栗や金柑の甘露煮が丸ごと入った饅頭「貝がら山」という和菓子がふるさと産品に選ばれている。とても心惹かれたが、まだ歩き出したばかり。帰りに寄れたらいいなと思い、購入は見合わせておいた。

駅から10分ほど歩くと団地が見えてきて、右折。するとすぐに『**東中沢ふれあい緑道**』があった。道路の横を木々の緑がもりもりしている道だ。小さな、本当に小さな川もあり、鯉が泳いでいる。地元のおじさんが鯉と猫、ついでに鳩にもご飯をあげていた。こういうのをいぶかしく思う人もいるのだろう。見ていて悪い気持ちはしないんだけどなあ。むしろ微笑ま

貝柄山公園。上は３頭の馬の像。仲良し家族にも見えるが、なんとなく哀しさも漂うような

しくて立ち止まって見てしまう。

緑道を歩いて10分弱、『貝柄山公園』に到着。近くには縄文時代の貝塚があったとのことで、この名が付いている。着いたのは南出入口で、そこにも野良猫が数匹。２人のご婦人がご飯をあげていた。猫たちは去勢・避妊もされている。ボランティアの方たちが保護してあげているのだろう。ここでもしばし観察。

公園に入るとすぐに池が見えた。緑に囲まれた池には水鳥が休んでいて、水面を覗き込むと何匹もの亀が真っ直ぐこちらを見て寄ってくる。ごめんよ、ご飯は持っていないんだ。

園内にはさまざまな種類の木があるので、四季それぞれでいろいろな顔を見せてくれるのだろう。出入口は東と北にもある。北出入口の近くには3頭の馬の像があった。これは江戸幕府が軍馬確保のために作った直営の牧場の野馬を再現しているという。五つの小金牧《こがねまき》のうち、ここから北西にある中野牧の一部は現存しており、野馬を捕らえる「捕込《とっこめ》」は国指定の史跡となっている。「下総小金中野牧跡・捕込」だ。そちらへ向かおうかとも思ったが、少し方向が違う**『市制記念公園』**へ行くことにした。

北出口を出て20分ほどで新鎌ケ谷駅に着く。そこからさらに15分弱歩く

市制記念公園。公園で遊ぶ子ども連れの家族や高齢のご夫婦の散歩など地元の人の憩いの公園のようだ

と『市制記念公園』の北側に着く。ここは桜の名所でもあり、春もオススメ。ベンチが置かれたビューポイントもあるのだが、この日は一面緑の森だった。

公園にはテニスコートや野球場、アスレチックや遊具があり、蒸気機関車と航空機の展示や子ども用のバッテリーカーがある。家族で来たら楽しめそうだ。ちょっとした展望台もあり、すぐ近くを北総《ほくそう》鉄道の高架線が通っていて、成田空港へ行くスカイライナーを近くで見ることもできる。

お隣の柏市にある下総航空基地から飛び立つ自衛隊の飛行機が真上を通過するのを見上げつつ公園をあとにする。

●知る人ぞ知るビュースポット『市役所屋上』

新鎌ケ谷駅の方向へ戻り約15分で鎌ケ谷市役所へ到着。**市役所の屋上**から鎌ケ谷市が見渡せるというので上ってみる。市全体どころか東京や筑波山、晴れた日には富士山まで見えるという。富士山の山頂に夕日が沈む瞬間、宝石のように輝いて見えるダイヤモンド富士が鑑賞できる日もある。こちらは申し込みが必要だ。

屋上のスカイビューへ行ってみた。

市役所屋上からの眺め。なかなかよい。左の中央に小さく東京スカイツリーが。上は望遠で撮影

曇天。筑波山がうっすらと見える。東京スカイツリーも確認できた。富士山が見えたら嬉しいだろうな。

●倒木が悲しい由緒正しき神社

市役所を出た。チェーン系の飲食店が建ち並ぶ国道や県道を歩くのがつまらなそうなので、東武線沿いを鎌ケ谷駅方面へ歩いてみる。この区間は高架になっていない部分もあり踏切があるので渡った。『市制記念公園』の展望台といい、鉄道ファン、特に撮り鉄にとっては鎌ケ谷は有名なビュースポットだったりするのだろうか。

10分ほど歩くと高架になった線路の近くに鳥居が。『**初富稲荷神社**』。

1869年（明治2年）創建。京都伏見稲荷神社から御分神を迎えた初富地区の総鎮守様だという。道路を渡ったところに鳥居があったり、社殿に向かって直角に参道があったりといろいろ聞きたいことはあったのだが、社務所に人の気配がなかった。何より境内の大きな木が根元から倒れているのが気になった。取材後に市役所などに問い合わせてみたが、「氏子さんが管理しているので」と真相はわからず。神社巡りをしている方のブロ

初富稲荷神社。巨木が根から倒れていた。台風の爪痕か？

グを見たら2019年5月には倒れていないようなので、やはり2019年、千葉県に停電など甚大な被害をもたらした台風15号の仕業なのかもしれない。怖かっただろうな。

●ユニークなラーメン屋で腹ごしらえ

市役所から『初富稲荷神社』に寄って線路の東側に渡り、鎌ケ谷駅方面へ向かったところ、いい加減お腹も空いてきた。でもどうもどこにでもあるようなチェーン店には食指が動かない。この町ならではの店に入りたいものだ。

なんてことを考えていると、何だかよくわからない店名の看板が登場。**『博士ラーメン』**。

本店別館？　どういうことだろう。本館があるのか？　店自体は通りから奥に入ったところにあり、通りの近くにはカフェがある。カフェの看板を見てみると、「博士グループ直営店」とある。え？　チェーン店なの？とも思ったが、どうもそうではない匂いがする。というか、そうではない匂いしかしない。しかも〝タイ料理〟とも書いてある。外観もいわゆる〝ラーメン屋〟然としていない。ログハウス風でもあるが、タイと日本の

博士ラーメン。いろいろな“？”につられて入店したが、結果入ってよかった

国旗やさまざまな装飾品が置かれている。電飾も多い。怪しいというと言葉が悪いが、素通りできない何かがある。鎌ケ谷市民にとっては気にならないものなのだろうか？　普段ラーメンはあまり食べないのだが、タイ料理は好きだ。でもさすがにこの店に入るなら、博士ラーメンを食べてみたい。博士ってなんだ？　疑問符ばかりが頭に浮かぶ。

入ってみた。

入口を入ると、さらに店内に入る扉があるのだがその手前にも銅像やら名前の由来やら、いろいろなものが飾られている。貼り紙も多い。あまりグイグイ押して来る店は好きじゃないのだが、なんだか嫌な感じがしないのが不思議だった。

店にある説明を読むと、どうやら現社長の父、田中静雄さんが医学博士で、自身の研究テーマである〈健康で長生き〉と国民食のラーメンを結びつけ、研究を重ねて独自のラーメンを開発したとのことだ。麺はかん水を使わず、キャベツの青汁、黒ごま、インド原産のハーブで糖尿病予防に効果があるとされるギムネマシルベスタなどが練り込まれた健康を考えた病気予防麺とのこと。スープもマグロの頭、豚、鶏、魚介、野菜を使用したもので、ラーメン自体が予防医学に基づいているらしい。

特醸正油ラーメンと博士餃子。ここではまずこれが正解だと思う

ここは定番を、ということで、メニューの文字が大きくてオススメらしい「特醸正油ラーメン」（750円）を頼もうと決める。と思ったら〈一番人気!!〉となっているのは「トムヤムクンラーメン」だった。なんだよ。

ほかにも「ガパオライス」「焼豚チャーハン」「タイ グリーンカレー」「パッタイ」など料理の数は多い。点心もあり、「博士餃子」「博士水餃子」なるものもあった。でも「海老シュウマイ」「揚げ春巻き」には〝博士〟は付かないんだね。「博士サラダ」と「メンマサラダ」もある。何かがこだわりなのだろう。

店内は広くウッディな作り。テーブル席とカウンターがあり奥には座敷もある。客層は家族やカップル、おひとり様などで年齢もさまざま。ラーメンが来た。スープは魚介の味が強めに感じる。結構濃い、けど胃がもたれるような濃さではない。麺はふっとい。かん水を使っていないとはいってもクニャクニャではなく、普通に感じた。黒ごまなどの味は感じなかった。でもこのスープにこの麺、嫌いじゃない。

煮玉子が半分入っていると思ったら、もう半分が沈んでいた。1個入っていたか。チャーシューもホロホロでおいしい。これでこの価格はお得。なんと餃子は挽肉を使わず、チャーシューにする肉を切って叩いて餡に

東経140度線。地元の人はどれほど気にしているのだろうか。どれだけ自慢に思っているのだろうか

していることのこと。これぞ博士のこだわり、「博士餃子」だ。

今度はぜひタイ料理を食べに来よう、と思えるお店。入ってよかった。

●鎌ケ谷名物の「鎌ケ谷大仏」

もうひとつの鎌ケ谷名物、**『鎌ケ谷大仏』**まで足を延ばしてみよう。鎌ケ谷駅東口から大きな通りを東へ向かう。

途中、ちょっと寄り道。まだ駅からそれほど離れていないところに「コープみらい」がある。そちらへ左折。すると店の前に「道野辺本町公園」がある。その前の歩道にちょろりとそれはあった。

鎌ケ谷市の中心には**東経140度線**が通っている。これは北極と南極を結ぶ経線で北はロシア、南はインドネシアやオーストラリアを通っている。この線がこの公園の前に記されているのだ、ちょろりと。実は新鎌ケ谷駅のケンタッキーフライドチキン近くにはここよりも長く東経140度線が記されているのだが、そこを通らなかった。そちらも見てほしいのだが、鎌ケ谷駅近くのここにもあるんだよ、ということをお知らせしておきたかったのだ。

大仏を目指そう。

八幡神社。百庚申。ほかにも社がいろいろある

駅から約30分歩いた。日も傾いてきたころに新京成線の鎌ケ谷大仏駅近くに到着。地元の人に場所を聞いて大仏と対面しに行く。が、その手前に『**八幡神社**』があったのでまたちょっと寄り道。

全国各地に多い〝八幡神社〟は八幡神を信仰する神社。この「鎌ケ谷八幡神社」は境内に摂末社《せつまつしゃ》がたくさんある。神様の寄り合い所みたいだ。その摂社、末社の社が見渡せる。ふと、なぜこんなに見渡せるのかと考えたら、境内に大きな木がほとんどないからだった。かつては大樹があったことがわかる切り株がそこここにある。すべてバッサバッサと伐採してしまっているのだ。あとで地元の人に聞いたら、以前は木々がモリモリとしていたらしい。いまはなんだかものすごく寂しい雰囲気だし、ちょっと怖く感じた。なんだか腑に落ちない。なぜバッサリ伐採してしまったのか。

調べたら、石碑や鳥居の老朽化や樹木の一部が枯れてしまったり、一方では茂り過ぎて危険性が増したり若者の溜まり場になってきたため、安全性を考慮して環境整備工事を行ったということだった。２０１７年（平成29年）のこと。苗木も植えられているので、また緑は復活することだろう。

境内には摂末社以外にも市指定文化財の百庚申《ひゃくこうしん》や庚申道標《こうしんどうひょう》などがある。

この八幡神社から道路を渡ってすぐのところにお寺と墓地があり、入る

鎌ケ谷大仏。台座を抜かして1.8メートル。大仏といっていいのかどうか、なんて考えないで

とすぐに『鎌ケ谷大仏』様に会えた。見た目は立派な大仏様。ただしちょっと小さめサイズの1・8メートル……ではあるが、想像していたより見上げる感じだった。台座のせいだな、うん。

とはいっても、1776年（安永5年）に建立という歴史ある大仏で、市指定の文化財となっている。開眼供養の際には僧侶50人あまりが集められ、豪勢な料理とともに宿場町全体が盛り上がったようだ。現在もこの周辺には〝大仏〟の名がついた店や商品がたくさんある。小さくても愛されている大仏様ということがわかる。

なので、「大仏じゃないじゃん！」なんてがっかりしないでね。

【アナザープラン】

真夏の野球観戦と地元に根ざした店で舌鼓（日焼けつき）

鎌ケ谷の日帰り散歩にはもうひとつ、別のパターンもある。こちらも楽しい。

鎌ケ谷スタジアム。ユニフォームなども販売している。試合中何度か低空を飛行機が横切った

プロ野球、北海道日本ハムファイターズの試合が観られる『**鎌ケ谷スタジアム**』に遊びに行こう。

観られるのは2軍の試合だが、ドラフトで入ったばかりの話題の選手を見ることもできるのだ。いまや大リーガーのスーパースター、大谷翔平選手もここにいた。この日の先発は金足農業高校時代に甲子園を沸かせた吉田輝星選手だった。

公式戦がある日は鎌ケ谷駅から片道１００円のシャトルバスが出ている。約20分でスタジアムに到着。ファームの試合とはいえ、休日は４０００人以上のお客さんが入るほどの人気で、盛夏には外野にプールが開くので、家族で楽しめる。もちろんファイターズ公式グッズも売られているので、ファンは当然楽しめるが、ファンでなくても天気のいい日にプロの野球を観戦するのは気持ちがいいもの。ホームランなんて打ってくれたらテンションも上がるよ。この日は2本観られた。

また、いかにも2軍らしいのが、試合中盤にお客さんみんなでラジオ体操をするなど、グラウンドと客席との一体感が楽しめるところ。

そのラジオ体操をリードしてくれるのが、鎌ケ谷スタジアムのゆるキャラのふたり。ひとりはファーム専属マスコットのカビー（正式名称・カ

鎌ケ谷スタジアム。晴天で気持ちがいい。暑いくらい。カビーも暑いだろうな

ビー・ザ・ベアー）。カビーは試合前後には球場の外にいてファンとコミュニケーションをとっている。喋れないけど。もうひとりはＤＪチャス。派手なスーツを着た一見強面なおじさ……ゆるキャラだ。もともと鎌スタのＤＪらしいが、さまざまなイベントを仕掛ける忙しいゆるキャラだ。

この日はスタンドに鎌ケ谷リポーターでもある、もと日ハムのがんちゃんこと岩本勉さんもいて、張り切ってラジオ体操をしてくれていた。楽しい。

試合が終わってバスを待っているとカビーがやってきた。コミュニケーションはとれるカビー。かわいいのだけど、「カビーお腹出ているんじゃない？」と言うと肩の辺りをド突いてくるアグレッシブな面も持っている。ジェスチャーで、「そっちの方が出ているじゃない？」と返してくるのがかわいい。ファンに丁寧に挨拶をするカビーに手を振られて、頭上を自衛隊の飛行機が飛ぶ鎌ケ谷スタジアムをあとにした。

鎌ケ谷は果物の農園も多く、時季には梨狩りなども盛んに行われている。試合は午後からなので、午前中に梨狩りをして試合観戦後にどこかへ散歩、というコースもありだろう。

もちろん観戦散歩はプロ野球シーズン限定。ひと試合観れば確実に日焼

居酒屋みなみ。地元にあったらいいなと思える店

けするので、焼きたくない人はケアを忘れずに。この日も半袖の跡ががっつりついてしまった。

●野球観戦の後はアルコールがうまい

この日は『鎌ケ谷大仏』方面へ行き、「大仏中華」とか「大仏イタリアン」とか「大仏焼鳥」とかを食べて帰ろうと思った。どれもあるかどうかわからないけど。

『博士ラーメン』同様、せっかくなので地元密着のお店に行きたい。鎌ケ谷大仏駅近く、線路沿いにポツンとある居酒屋、「大仏みなみ」に入った。あ、間違い、〝大仏〟はつかない。

居酒屋『**みなみ**』。

壁に貼られたメニューが多い。グランドメニューに加えて黒板のオススメもある。ラーメンやチャーハンなどの食事ものもあるので、地元の人が子ども連れで呑みに来たりもするのだろう。

優しそうなご主人がひとり。ひとりで切り盛りするのは大変だと思う。

とりあえず「豆腐の豚肉あんかけ」（560円）、「冷しゃぶサラダ」（630円）「ウインナー」（300円）を頼んだ。「山芋ベーコン炒め」「タ

居酒屋みなみの豆腐の豚肉あんかけ。ほかも魅力的なメニューが多い

コの唐揚げ」「野菜玉子焼」など心惹かれるメニューが多い。

運ばれてきた「豆腐の豚肉あんかけ」はボリュームたっぷり。焼酎のロックも小洒落た店を気取った少ない量ではなく、しっかりと飲める量で嬉しい。

しばらくするとご主人のお母さんが出勤。ご主人ひとりじゃなくてよかった。お母さんはニコニコ話す優しい雰囲気。店は2019年でオープンから13年とのこと。

その後常連さんらしきお客さんもやってきた。聞くと地元以外のお客さんも少なくないという。

日焼けが多少ヒリヒリするが、満腹になって幸せな気持ちで帰路に就いた。

鎌ヶ谷駅散歩マップ

❶貝柄山公園　[住] 千葉県鎌ケ谷市初富本町2-1474　❷市制記念公園　[住] 千葉県鎌ケ谷市初富924-6　❸鎌ケ谷市役所　[住] 千葉県鎌ケ谷市新鎌ケ谷2-6-1　❹初富稲荷神社　[住] 千葉県鎌ケ谷市初富本町1-5-33　❺博士ラーメン別館　[住] 千葉県鎌ケ谷市道野辺本町1-15-12　❻東経140度線　[住] 千葉県鎌ケ谷市新鎌ケ谷2-9-4　❼鎌ケ谷大仏　[住] 千葉県鎌ケ谷市鎌ケ谷1-5　❶鎌ケ谷スタジアム　[住] 千葉県鎌ケ谷市中沢459　❷居酒屋みなみ　[住] 千葉県鎌ケ谷市鎌ケ谷4-2-8

【東武伊勢崎線】

館林駅　茂林寺前駅

狸とお花とうどんと最高気温……春がオススメの館林散歩

館林駅東口からスタート。天気がいいけど、暑くなるかもしれない

東武スカイツリーラインで浅草駅から特急りょうもうに乗れば約60分で着く館林駅。群馬県の東南部に位置する館林市は、高さ634メートルの東京スカイツリーから63・4キロ離れている。

埼玉県の熊谷市と並んで猛暑日の記録を作る街としても知られている。35度以上の日が何日も続くことがあり、全国一の最高気温を叩き出すこともある。真夏の散歩旅は水分補給と日差しを避けることを心がけて熱中症に気をつけよう。

館林の散歩旅は、できれば春がおすすめかな。

●館林は知られざる小麦の名産地

駅を挟んだ反対側には日清フーズ（株）があり、製粉ミュージアムもある

もちろんただ暑いだけの街ではない。利根川や渡良瀬川が流れ、池、沼が多く、無臭・無色の豊かな水資源に支えられている。さらに日照時間の長さと上質な肥えた土に恵まれ、小麦の産地としても知られている。

館林駅の西口には「製粉ミュージアム」がある。母体は日清製粉株式会社。前身となる館林製粉は１９００年（明治33年）、良質な小麦の生産地である館林市で創業した。ミュージアムでは小麦や小麦粉について学ぶことができ、小麦粉ができるまでに使われる機器やテクノロジーについても知ることができる。日本庭園もあり、緑を眺めてくつろげる。だが、猛暑日は気をつけよう。

まずはここに立ち寄ってみるのもいい。

館林の良質な水と小麦によって生み出されたのが、館林ならではのうどんだ。手打ち麺製法技術を進化させ、現在は〝うどんの里〟ともいわれている。

１９９４年（平成6年）には市内のうどん店、製麺業者、メーカーによる「うどんの里館林」振興会も発足、うどんを通じて地場産業を活性化させ、「うどんの里館林」を広くＰＲさせることを目的としている。

館林駅の隣、茂林寺《もりんじ》前駅にある『茂林寺』は童話「分福茶釜」の舞台と

花山うどんの分福茶釜の釜玉うどん。欲しくなる器

なったお寺。そして地元で１８７３年（明治６年）に創業した正田醤油と、この館林のうどん。「うどんの里 館林」振興会は２０１０年（平成22年）、〝分福茶釜〟〝正田醤油〟〝館林のうどん〟が三位一体となった「分福茶釜の釜玉うどん」を開発。

基本レシピは、麺と温泉玉子と正田醤油の土佐醤油と揚玉で、その他の具材は各店で自由に工夫していい。ということで、このメニューは当時、館林のいろいろなお店で食べられた。基本＋オリジナルということで、どこで食べても飽きない名物だったのだが、現在は提供している店舗は少ない。

館林駅から徒歩約1分の「**お食事処　花やま（花山うどん）**」では現在もこの名物が食べられる。メディアにも出ている有名店だ。もちろん独自のトッピングは豪華で、味は間違いないのだが、この店にはプラスアルファの魅力がある。

この「分福茶釜の釜玉うどん」は具材以外、器も各店にお任せ。ということで、なんとも可愛いたぬきの器で出てくるのだ。10人中10人が写真を撮るんじゃないかと思えるようなキューーティーな器。

これから歩く力が湧くのか、力が抜けるのか、よくわからなくなる可愛

モノクロでもわかる咲き誇る桜。鶴生田川横の道

さ。うどんには満足満腹。

●桜とこいのぼりの名所へ

ここから駅前の通りを、駅を背にして歩いてみる。

この通りは割と直射日光を浴びることになるので、真夏は気をつけたほうがいいだろうな。以前、猛暑日に歩いたときは、街の人をほとんど見なかった。やはり地元の人は対処法ができているね。暑い日は出歩かないのだろう。

約25分歩き、**鶴生田川**《つるうだがわ》に着いた。桜はまだ開花宣言が出ていないのが残念。ここは桜並木がみごとで、「さくらまつり」が行われ大勢の人で賑わう。

桜が咲いていなくても「さくらまつり」と同時に開催されるのが、「こいのぼりの里まつり」。こちらは3月下旬から5月上旬まで行われ、鶴生田川を中心に4000匹以上のこいのぼりが掲揚される（ここでは〝匹〟で書かせてもらいます）。2005年（平成17年）には5238匹のこいのぼりが泳ぎ、世界記録にもなった。さらに2012年（平成24年）には東京スカイツリーのオープンを記念して、高さ634メートルに合わせた6340匹のこいのぼりが掲揚された。記録更新だ。

掲揚される数千匹のこいのぼり。とても綺麗なのだが、モノクロで残念

咲き乱れる桜に負けない数のこいのぼりが桜の間と川の上を泳ぐ光景は壮観。近くの近藤沼、つつじが丘パークイン、多々良沼、茂林寺川などにもこいのぼりが泳いでいる。

こいのぼりを眺めつつ、空を埋め尽くすほどの満開の桜を見上げる道を散歩するのは気持ちがいいし、なんだか異世界に飛んでしまいそうなトリップ気分にもなりそうだ。映画監督の鈴木清順さんの世界に入れそう。

やはり館林は春がいい。

このまま川沿いを歩いていくと、鶴生田川は大きな城沼《じょうぬま》へと流れ、沼の南側には「つつじが岡公園」が広がっている。その名の通り、ヤマツツジ、キリシマツツジ、宇宙ツツジなどが見られるし、大芝生広場や梅林、池など、散歩に最適だ。

鶴生田川の北、公園の西側には、「向井千秋記念子ども科学館」「田山花袋記念文学館」「田中正造記念館」「武鷹館《ぶようかん》」など見どころがたくさんある。好みのところへ立ち寄るのがいい。

●うどんの有名店に遭遇も華麗にスルー

駅のほうへ戻ろうと歩いたら、株式会社館林うどんの建物があった。な

館林うどんのうどん本丸にはお土産のうどんもいろいろな種類が売られている

かには「**うどん本丸**」という店がある。この店も有名店だ。

「うどんの里 館林」振興会では、花山うどんで食べた「分福茶釜の釜玉うどん」のあと、2017年（平成29年）には、邑楽《おうら》館林産の小麦を使い日清製粉の協力を得て製造した「百年小麦」を、30パーセント以上練りこんだもちもち麺の「百年饂飩」を生み出した。さらに2019年（令和元年）には百年饂飩に炙った上州牛を甘辛く味付けしたものと温泉玉子、ネギをトッピングした「上州牛の炙り釜玉うどん」も開発。「全国ご当地うどんサミット2019 in 熊谷」でグランプリを受賞している。醤油はもちろん正田醤油を使用。これも以前の「分福茶釜の釜玉うどん」のように数店舗で食べることができる。ここ「うどん本丸」でも提供している。

が、先を急ごう。

ん？ なぜ食べないのか、って？

そりゃそうだろう、うどんは着いてすぐに食べているのだ。短時間で2食続けて食べたらどうなるか。埼玉県の高坂へ行った項を読んでいただけただろうか？（132ページ参照）

同じ轍は踏まないのだよ。ふふふ。

茂林寺を訪れるのもやはり
春がいいかもしれない

●タヌキのお寺「茂林寺」に足を延ばす

駅まで戻って隣駅の茂林寺前駅へ移動した。

前述しているが、**『茂林寺』**は童話「分福茶釜」に出てくるお寺、ということで駅前ではたぬき家族の置物と絵本の看板が出迎えてくれる。ここから『茂林寺』まで、この「分福茶釜」のストーリーを描いた看板が道案内をしてくれる。茂林寺まであと何メートルと書かれている。

『茂林寺』は参道にもたぬきの置物や館林名物を売るお店がいくつか。「花山うどん」と書かれている店もあった。

1426年（応永33年）開山の古寺。山門をくぐると21体の愛嬌たっぷりなたぬきの像が左右に整列している。みんな服を着せられているのだが、これは浴衣や着物など、時季によって変わる。台座に書かれている言葉をひとつずつ読みながら進んでみよう。

この整列しているたぬきたちから少し離れたところに、ひと際大きな、貫禄のあるたぬきが佇んでいる。大ボスかな、と思って台座を見てみたら、東武鉄道寄贈のものだった。こりゃ大ボスだ。

境内にはみごとな枝垂れ桜がある。「館林でもっとも早く開花するのは茂林寺の桜」と聞いたことがある。

あそこの玉がすごい茂林寺の大ボスたぬき（右）。付近には左のようなマンホールのふたも

やはり館林は春がいい。

150年以上前のものといわれる茶釜も保存されている。その茶釜がたぬきだったのかもしれない、なんてね。

山門前を出て、前の道を左に進むと茂林寺沼の湿原が広がる。蛍も育つという湿原は、やはり春がいい。そして夏も気持ちがいい。沼を渡る橋があり、進んでいくと大きな樹々と鳥の声が増してくる。草の匂いが花の香りに変わってきたら、**『東武トレジャーガーデン』**に近づいた証。

『東武トレジャーガーデン』は敷地面積約8万平方メートルの広大な庭園。4月には芝桜とネモフィラの華やかな花の絨毯が広がり、紫と黄と赤の花を咲かせるリナリア、5月には多彩な色のバラなど、さまざまな花が楽しめる。やはり館林は春がいい、のだが、ここは夏や秋も四季折々にいろいろな表情を見せてくれる。冬はさすがに休園しているのでご注意を。

40分ほどでひとまわりできて、ベンチもあるしカフェやレストランもある。誰かと一緒にゆっくり話をしながら観賞するのがいいかもしれない。

●珍品「まゆ玉うどん」とは？

来た道を戻り、茂林寺から駅のほうへ向かおうとすると、すぐ近くに赤

茂林寺のすぐ近くにある、もり陣。茂林寺前駅に行ったら寄りたい

い大きな提灯が目を引く『**もり陣**』という店がある。店頭には「日本でここだけ　まゆ玉うどん」と書かれている。

同じ轍は踏まない、と書いたけど、惹かれる「まゆ玉うどん」。時間も経っているし、2食連続うどん、いっても大丈夫かな？　と考えているうちに身体は入店していた。

「まゆ玉うどん」というのは、その名の通り、繭を粉状にしたシルクパウダーをうどんに練りこんでいるもの。1人前にまゆ玉約3個分のシルクパウダーが入っている。うどん粉は「百年小麦」を使用。

まゆ玉はアミノ酸でできているため、身体にとてもいいらしい。血流をよくする効果があり、美白・保湿などお肌にもいい、と店内に書かれている。

ご主人は脳内出血を経験され、半身が自由に動かない日々を送ったことがあるという。そんなリハビリのときに、まゆ玉を触っていたらみるみる体調がよくなって、いまではスタスタと歩けるほどになっている。そんな経緯からまゆ玉うどんを開発した。「まゆ玉は握るだけでも元気になります」とのこと。

せっかくなので「分福茶釜の釜玉うどん」をオーダー。ほとんどのメ

もり陣の麺は本当にもっちもちなので、ぜひ実際に食べて感じてほしい

ニューにおにぎりひとつ分くらいのわっぱ飯がつく。単品もあり。「これくらいのわっぱ飯を一緒に食べるのがバランスがいい」という店主のこだわりだ。

別にナメていたわけではないが、麺のツルツルモチモチ感の出色ぶりに舌を巻いた。食べながら舌を巻いた。〝シルキーうどん〟と呼びたい。お土産の乾麺も買ってしまった。

ご主人はとてもバイタリティに溢れた方で、以前手打ち麺の長さ世界一にあと少し、というところまでいったというし、クローバーを育てるのが好きで、店の外で栽培しているクローバーから、「四つ葉を見つけたら持っていっていいよー」ということもあるらしい。この日はご主人自ら探してくれて、「100本にひとつの五つ葉があったよー。はい、どうぞ。持っているといいことあるよー」と。いただいた。

とても気持ちがよくなる店だった。

館林は春がいいし、また館林に来たら『もり陣』に寄ろうと思った。

今回もうどんが詰まった満腹を抱えて帰った。まるでたぬきになったような姿で。

館林駅・茂林寺前駅散歩マップ

❶お食事処　花やま　[住] 群馬県館林市本町2-3-48
❷鶴生田川　[住] 群馬県館林市城町
❸うどん本丸　[住] 群馬県館林市本町3-8-1
❹茂林寺　[住] 群馬県館林市堀工町1570
❺東武トレジャーガーデン　[住] 群馬県館林市堀工町1050
❻もり陣　[住] 群馬県館林市堀工町1560

【東武伊勢崎線】

足利市駅

猫がたくさんいる学び舎の町 229段を上って縁結び祈願へ

足利市駅から散歩をスタート。ホームに降りると緑の森がもりっと見える。登ることになるのだろうか

栃木県足利市、どれくらいの知名度があるのかわからない。と書くと足利市民は怒ってしまうだろうけど、『足利学校』『渡良瀬橋』『八雲神社』といえば、「あー、わかる！」という人も多いのではないだろうか。まあ、森高千里さんの貢献度が高いか。

ご当地B級グルメや、偉人・著名人ゆかりのスポットも多い足利市を歩いてみよう。

浅草駅から特急りょうもうで乗り換えなしなら約75分で到着。急行などで乗り継ぎをしても約105分で着く。

特急りょうもうは、1969年（昭和44年）にその愛称が付けられた有料急行で、全車指定席制を導入。その後、東京～群馬間のメイン路線とし

渡良瀬川。土手散歩は気持ちがいい。車が通る道を歩く場合もあるので注意

て定着し、現在の特急へと進化していく。1800系車両と呼ばれる以前のタイプでは正面に「りょうもう」というひらがな表記のプレートが付けられていた。1970年代、肌色の車両が多かった東武伊勢崎線を、真っ赤な車両に白いラインで颯爽と走る特急りょうもうはひと際カッコよかったという。

漢字では両毛と書く。両毛というのは、上毛野国《かみつけのくに》（現在の群馬県）と下《しも》毛野国《けのくに》（現在の栃木県）を併せた地域のことを指している。浅草を出てから埼玉県を通り、栃木県足利市へ着くまでに、群馬県も通る。りょうもうに乗って両毛地区の町へやって来た。

●日本最古の学校「足利学校」

足利市駅の北口を出てそのまま北へ歩くと、すぐに渡良瀬川が見えた。そのまま橋（中橋）を渡りはじめると、一気に視界が広がる。左手に見える橋が渡良瀬橋だ。JRの踏切を越えて県道を右に曲がり歩を進めると、左手に**『鑁阿寺《ばんなじ》』**への入り口を見つけた。石畳が目印だ。まっすぐに『鑁阿寺』へと続く道は「大日大門通り」。地元の方は『鑁阿寺』を、親しみを込めて「大日様」と呼んでいる。ここまで、駅からは10分ほどだった。

史跡足利学校跡。日本遺産。入学してみよう

「大日大門通り」を進むと、途中『**足利学校**』への道しるべがあったので、そちらへ。

『足利学校』は日本で最も古い学校で、１９２１年（大正10年）に国の史跡に指定され、２０１５年（平成27年）には史跡足利学校跡を含む「近世日本の教育遺産群—学ぶ心・礼節の本源—」が日本遺産に認定された。

しかし創建については奈良時代・平安時代・鎌倉時代で諸説あり、明らかになっていない。室町時代の１４３９年（永享11年）に上杉憲実《うえすぎのりざね》が現在は国宝となっている書籍を寄進し、鎌倉から禅僧・快元《かいげん》を招いて初代の庠《しょう》主《しゅ》（校長のこと）として学校を再興したころからの歴史は明らかとなっている。

１５００年代中期には日本最高学府となり、学徒三千といわれるほどになり１５４９年（天文18年）にはキリスト教の宣教師であるフランシスコ・ザビエルが、「日本国中最も大にして、最も有名な坂東の大学」と世界に紹介したほど。

その後、明治初期に廃校となり、多くの建物が消失してしまったが、１９９０年（平成2年）に復元され、江戸時代中期の最も栄えた時期の様子が再現されている。

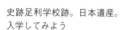

めん割烹　なか川。今回は食べられなかったが、次回は食べよう。まるちゃんにも再会しよう

入館料を払い、ゆっくりまわって約30分かかった。

●上品な女将さんに挨拶して「大日様」へ入る

「大門通り」に戻る。独特な字だけど、なんだか見たことのある看板が目に入る。「**めん割烹 なか川**」という手打ちそばの店だ。ここは以前旅館だった。書家で詩人の相田みつを氏が青春を過ごし、自身が「ここが私の出発点」と言うほど縁の深い店とのこと。店内には直筆の作品もある。

そうか、あの看板の字は、そうか。

まだ足利市に着いたばかり。入るにはちょっと早い気がして逡巡していたら、裏口のほうに第一町猫発見。黒猫。すると奥から女性が、「まるちゃん、ご飯あるよ」と。あれ？　飼い猫かな。

女性はなんと「なか川」の女将さんだった。聞くと、〝まるちゃん〟と呼んでご飯もあげているが、飼っているわけではなく、野良らしい。「とても頭がよくて、毎日、私を大日様まで迎えに来てくれたりするんですよ」と話してくれた。「まるちゃん、写真撮ってもらってよかったねえ」と。

上品な女将さんとまあるい黒猫のまるちゃん。会えてよかった。

鑁阿寺。山門（左）がとてもかっこいい。境内に休憩して軽食が食べられるところもあるが、この日はお休みだった

『大日様』へ向かうことにする。

『鑁阿寺』は、もともとは足利氏の屋敷があったところで、武士の館らしく四方に門があり、敷地の周りを土塁と堀がめぐらされている。守りのためだ。ただ現在のお堀には大きな、それはそれは大きな鯉がゆったりと泳いでいる。かわいいカモの親子も見られた。

寺院となったのは足利氏2代目の足利義兼《よしかね》が邸宅内に持仏堂《じぶつどう》を建てたのがはじまり。

「大門通り」から来ると、県の重要文化財である楼門（山門）から入ることになる。門の前にはお堀にかかる太鼓橋があり風雅な趣を感じる。山門の意匠もしっかり見ておこう。

鎌倉時代の建造物である本堂は国宝に指定されているし、鐘楼や江戸時代後期に建てられた一切経堂《きょうどう》は国の重要文化財となっている。ほかにも県指定建造物の多宝塔など、貴重な建造物が多く、彫刻や美術工芸品なども多数残されている。

また、秋には見事な黄葉となる天然記念物の大銀杏がある。寺には大銀杏と弘法大師がつきものだ。広場や児童公園もあり、この日は実に静謐な雰囲気だったが、普段は観光客はもちろん、地元の参拝者も多数訪れるよ

籠や。左の写真、暖簾の下にちいちゃい四角が見えるだろうか。そこに「ひっそり商い中」と書いてある

うだ。

●人気書家の生家に立ち寄る

ひと通りまわってから、入ってきた楼門へと戻った。

お堀に沿って歩いてみる。相田みつを氏が生まれた古民家が残っているらしい。いまは「**籠や**」という店。一度通り過ぎてしまってから、見つけた。気をつけていないと見逃してしまうひっそりとした佇まい、と思っていたら、入口前に「ひっそり商い中」というこれまたひっそりとした小さな看板が立てられていた。外から見たら何の店かわからない。カフェ？　なんて思っていたら店名通り、手工芸の籠バッグなどを売っている店だった。

楼門に戻る途中の角にもたくさんの猫が休んでいた。この街は猫に優しいんだなぁと思ってしばらく見ていたら、なんだか毛が伸びたシャム猫のような子が出てきた。明らかにほかの猫とは違う風格がある。近寄ると離れてしまう猫たち。遠巻きに見ていたが、ハッと気づいた。いけない、いけない、ずっとここで猫を見ていたら時間がなくなってしまう。ここは栃木県なのだよ。日帰りなのだよ。

『足利学校』から国道２９３号線を渡ったところにある『太平記館』は観

足利織姫神社。階段下の鳥居に一礼して上り、右の写真にたどり着いた。さすがに眺めがいい

光案内所でもあり、お休み処でもあり、お土産も買える情報発信基地。観光情報やマップを入手してから散歩をスタートさせるのもいいし、お土産を先に買ってもいい。

〝地域限定　栃木ゆずクラフトチューハイ〟なるものと中濃ソースを買ってみた。

このあとは『足利織姫神社』を目指す。ここからだと2キロ以上はあると思う。ちょっと遠いが、歩いてみよう。30分超えだな。

……チューハイとソース、あとで買うべきだったか……。

●色とりどりの鳥居が映える神社

『足利織姫神社』に到着。ちょっと離れたところから見てもさまざまな色の鳥居が綺麗に見える。その名の通り、織物産業の守り神として奉られているが、現在は縁結びの御利益が有名になっている。長い石段の下には、「境内まで二二九段」と書かれていた。

2キロほど歩いてからの229段……上ってみようじゃないか。そして誰かと縁を結べるようお詣りだ。

階段の途中途中に、「境内まで182段　いやに（182）ならずに一

足利織姫神社の裏参道。カラフルな鳥居がいくつも連なる

段一段」など、許しがたい……もとい、疲れた身体と心を和ませてくれるダジャレが書かれている。……見るたびに活力が湧くから効果としてはいいのだろう。

　あまり考えたくはないが、この階段、上ったら下りるんだよな。下りのほうがきついんだよな、山も階段も。

　降りることを考えたら、上るのは大したことはないと思えてきて、それほど息を切らすことなく上りきった。

　お詣りを済ませてからゆっくりとまわりを見渡す。眺望がいい。「渡良瀬橋」の南側に見えるのは浅間山《せんげんやま》。男浅間山と女浅間山がある。階段を上りきった鳥居の近くにも猫がいた。

　この『足利織姫神社』の北側から足利城跡の両崖山《りょうがいさん》に入り、大岩山毘沙門天（最勝寺）を経て行道山《ぎょうどうざん》浄因寺《じょういんじ》（清心亭《せいしんてい》）に行って戻ってくるハイキングマップが立てられている。往復で5時間半。うん、もちろん行かない。

　２０１９年（令和元年）には大藤の子どもが「あしかがフラワーパーク」から奉納され、藤棚が作られている。「あしかがフラワーパーク」の大藤は樹齢１５０年以上。その子どもがここでみごとな藤棚を作ってくれるこ

八雲神社。右は火事で消失する前の本殿。2012年

とだろう。

さて、と、現実から目を背けていたけど、いい加減に階段を降りるかな、あの階段を。と思ったら、上ってきた階段の横に、「裏参道下山口」というのがあった。そういえば正面階段の下にも〝えんむすび坂は正面階段より楽〟みたいなことが書かれていたような。

この裏参道には七色の鳥居があり、そこを通ることによって人、健康、知恵、人生、学業、仕事、経営の縁を結ぶとのこと。躊躇することなくそちらから降りることに決めた。確かに階段が緩やかで楽だし、七色の鳥居は写真映えもする。カップルで通ったら楽しいんだろうな〜。

●奇跡の再建を遂げた神社

さてここから『**八雲神社**』へ向かう。

途中、弁財天を祀る「厳島神社」や「下馬橋古趾《げばばしこし》」があり、ふむふむと眺めて『**総社　八雲神社**』に到着した。

創建は８６９年（貞観11年）。その年、清和天皇が京都の八坂神社、愛知の津島神社、そしてここ八雲神社を勅願所《ちょくがんしょ》と定め、疫病退散、国家安泰を祈らせたという。主祭神は素戔嗚男命《すさのおのみこと》。

とても綺麗に再建された本殿。よかったよかった

少しだけ年を追ってみる。

本殿は１９８９年（平成元年）に天皇御即位記念として10年かけて改築された。森高千里さんの曲「渡良瀬橋」（１９９３年発売）にも登場することで知られ、映画「君に届け」（２０１０年公開）のロケにも使われた。だから、というミーハーな気持ちはなかったが、２０１２年（平成24年）に訪れたことがある。

だがその年の12月９日、火の気はなかったはずなのに本殿が全焼してしまった。森高千里さんほど思い入れはなかったが、お詣りしたばかりの神社が焼けてしまったというニュースには、少なからず衝撃を受けた。思い出のなかの本殿が焼け落ちて炭化してしまったようだった。

もちろんすぐに再建に動きだしたが、そこで奇跡的な縁が生まれる。三重県の伊勢神宮の式年遷宮年のとき、月讀荒御魂宮《つきよみのあらみたまのみや》の本殿・幣殿一式と瀧原宮《たきはらのみや》の一部を譲与してもらえることになったという。これは極めて稀なことだという。

２０１７年（平成29年）12月、焼失から丸５年、復元された新社殿の竣工式が行われた。

今回訪れて、とても綺麗な本殿を見た。何も知らなかったら、「あらあ

こういう小さな焼きそば屋がいくつかある。ここは「やきそば　しいな」という店

らこんなまっさらな本殿を作っちゃって。歴史が感じられないな」なんて思ってしまいそうだ。歴史を知ってよかった。

そして思い出のなかの炭化した本殿が消えてよかった。

【アナザープラン】ご当地グルメを王道から少し外れた店で味わい、新足利ブランド餃子も！

足利市には独特なグルメがある。ご当地B級グルメだ。

ひとつは〝ポテト入り焼きそば〟。

誕生には諸説あるみたい。

大正時代、栃木県南部ではジャガイモがたくさん採れたのは間違いないようで、ネギと一緒に炒めて食べられていた。子どものおやつにもなっていたらしい。また、さまざまなものを屋台で売り歩く文化があり、そのポテト炒めも屋台の定番商品だった。最初は醤油炒めだったが、地元のソース会社がソースをかけることを提案し、それが定着。戦後、そこに麺が入

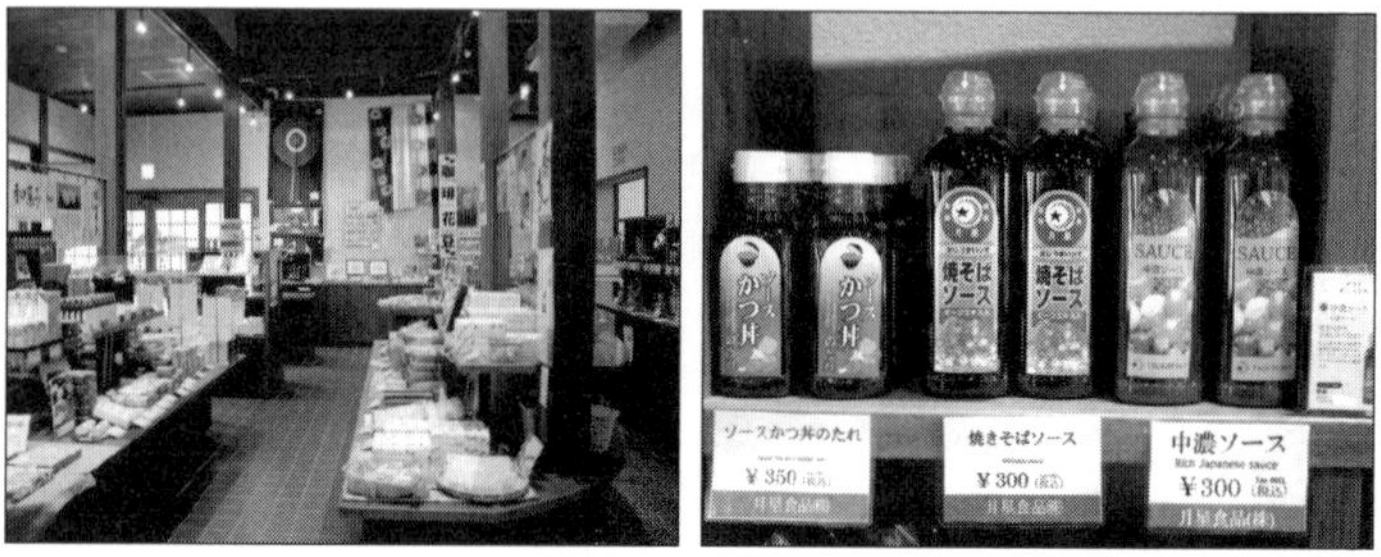

太平記館。マップを入手。チューハイと中濃ソースを購入

れられポテト入り焼きそばが生まれたという説がある。

昭和30年代には屋台の焼きそば売りもよく見られたらしい。肉が入手しづらい時期にカサ増しのためにジャガイモを入れたという説もあるが、その節はなんだか切ないのでジャガネギ炒めの進化説を推したい。

足利市には「月星《つきぼし》食品」という会社があり、オリジナルの焼きそばソースが地元に根付いている。ポテト入り焼きそばをひろめる〝会〟も作っていて、足利市にはそこに入会している店がたくさんある。『太平記館』で購入した中濃ソースももちろん月星食品の商品。ちなみに〝まじうまいっす〟とラベルに書いてある焼きそばソースはやめて、中濃ソースを買った。

一緒に買った〝地域限定　栃木ゆずクラフトチューハイ〟はとてもユズが強く感じられるチューハイで、東京のスーパーでも売っていたらいいな、と思える好みの味だった。さすが宝酒造。

●名物焼きそばを実食

確かに普通、焼きそばにジャガイモは入れない。いったいどんなものなのか。

『太平記館』の近くにやきそばの幟を立てた小さなお店がある。ちょうど

「やきそば　しいな」の「シューマイ」こと足利シュウマイ。シュウマイの定義ってなんだろう

小腹が空いてきた時間だったので入った。

『やきそば　しいな』。

名物のポテト入り焼きそばともうひとつの名物、足利シュウマイをオーダー。〝小さなお店〟と書いたが、入ってみたら……本当に小さかった。ちょっと「い……家？」と思ってしまう造り、というか奥は本当に家だな。おばちゃんがひとりで切り盛りしている。テイクアウトもやっているようだ。そちらがメインなのかな？　壁に貼られた手書きのメニュー名は「やきそば」と「ポテトやきそば」があり、足利シュウマイは「シューマイ」とだけ書いてある。

もうひとつの名物である足利シュウマイというのは、シュウマイの皮のなかに肉の餡は入っておらず、玉ねぎと片栗粉のみという、いろいろな意味で攻めている逸品。

まず運ばれてきたのは「シューマイ」。

白い。全部白い。お肉の影すらない。醤油ではなくソースをかけて食べるのが足利シュウマイらしい。

「熱いですからね」というおばちゃんの優しい忠告があったのだが、冷める前に、と思ってひとつを齧った。

「やきそば　しいな」のポテト入り焼きそば。玉子焼きが敷かれている焼きそばははじめてだ

火傷した。それでもきちんと味わった。

甘い。これは玉ねぎの甘みなのかな？　もちろん調味料の甘みではないのだが、とても甘みを感じた。ノーマルのシュウマイとは、もはや別物と考えたほうがいいだろうなと思う。甘いと感じたのも、脳が、「これはシュウマイである」と捉えていたから、実際食べたら、「え!?　違う違う、だって甘いじゃん！」と混乱したからなのか？　肉シュウマイとは別もの、というかシュウマイとは別もの、といっては言い過ぎか。

『鑁阿寺』の境内にある茶屋でも足利シュウマイは食べられるようだ。この日はお休みだった。

続いて「やきそば」が運ばれてきた。追い鰹節、追いソースもできる。ポテト入り焼きそばなのでポテトが入っているのはもちろんわかっていた。ゴロゴロと入っている。この店のオリジナリティは焼きそばの下に薄い玉子焼きが敷かれているのと、ナルトが可愛くトッピングされているところ。おばちゃんの可愛いセンスだな、こりゃ。

味は……焼きそばだね。確かにほくほくジャガイモと焼きそばの相性はいい。満腹にもなりそうだ。ただ、２０１２年に足利市に来たときに、地元の人にポテト入り焼きそばについて聞いたことを思い出した。観光案内

あしかが大麦餃子。偶然前を通りかかってよかった

のおじさんが言っていた。

「普通の焼きそばだよ……」。

　普通の、おいしくて満腹になる焼きそばだった。

●皮に大麦を使ったご当地餃子

『八雲神社』から戻る途中に、以前は確実になかった店を見つけ、気になった。

『あしかが大麦餃子』。

　本書、餃子の登場率、高いですか？

　餃子と猫か。

　餃子と猫と豆か。

　店頭にある説明を見ると、皮にも餡にも大麦が使われている日本でここだけの餃子とか。写真もあり、皮になにやらボツボツと入っている。大麦のポテンシャルもアピール。これは気になる。

　入店。

　大麦焼餃子はモチモチタイプとカリカリタイプがある。カリカリは皮が1・2ミリ厚で、モチモチは1・8ミリ厚で少し大きめ。どちらも食べたい。

あしかが大麦餃子の店内の様子。メインはテイクアウトのようだ

迷う。

と思ったら、両方が3粒ずつ入った食べ比べセットなるものがあった。迷うことなかった。これに決定。

栃木県は日本でも有数の二条大麦の産地で、それを独自製法でブレンドした粉を使って皮を作り、焙煎した大麦を表面につけている。あのボツボツしたやつが焙煎クラッシュした大麦で、さらに皮自体にも練り込まれているということだ。餡には押し麦が入っている。

二条大麦は食物繊維やミネラルを豊富に含む健康食品で、ダイエットや生活習慣病対策にもひと役買ってくれるというスグレモノらしい。そしてこの大麦餃子は〝足利ブランド推奨品〟に認定されているという。これらの情報、ほとんど店内で得られるから、見てみて。

お店を切り盛りしていたお姉さんが明るく元気で、焼いている間にもお話をさせてもらった。個人店ではなく会社が経営しているが、飲食だけをやっている会社ではないとのこと。

「デパートのビルを、こう、バタンと倒したような、B1の食品売り場から1階の化粧品、ファッション、イベントとかが、ビルの縦ではなくて、横に広がっていくようなイメージを実現していくことを目指している会社

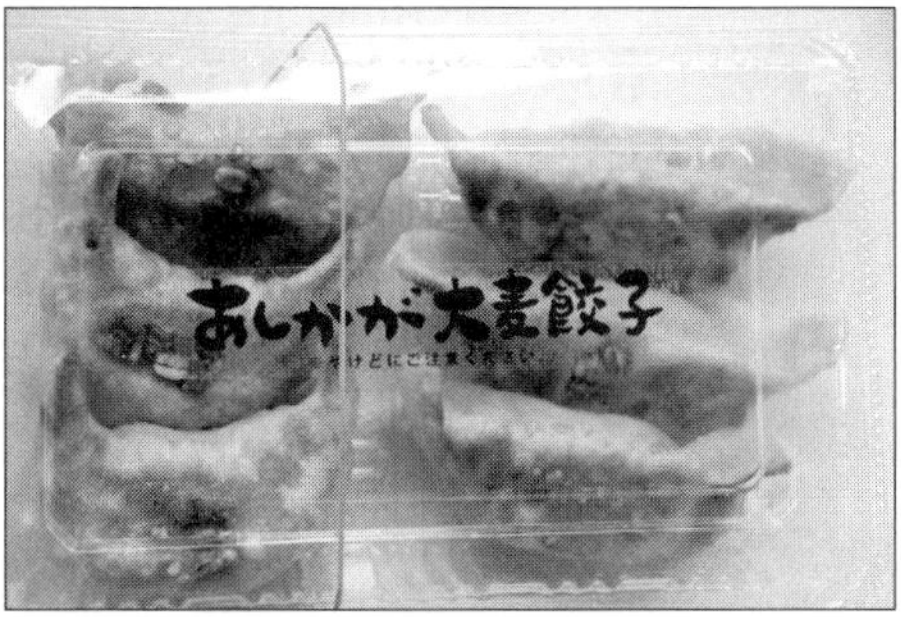

あしかが大麦餃子のモチモチとカリカリの食べ比べセット

です」と言っていた。

その食品販売の第一弾がこの足利大麦餃子とのこと。

餃子ができた。

モチモチとカリカリ、明らかに大きさが違う。もちろんカリカリはモチモチよりも少しお安くなっている。

これまで何度も「餃子は大好きだけど、好みは人それぞれなので、これがいちばんオススメ、とは書かない」と書いてきた。主観で書いてきた。もちろんここも例外ではない。

まず表面の焙煎された大麦がほかにはない食感を出してくれていて新しい、楽しい。店内に書かれているように、確かに餃子ひとつが大きい。これは食べ応えがある。そしてなにより、餡に感じるシャキシャキ感がいい。野菜を細かく細かくして肉もトロトロにして、という餃子は好みではない。野菜の食感が残っているのが好きだ。ここもそのタイプではある。

冷凍餃子も買って帰りたかったが、帰宅までの時間を伝えるとちょっと難しいようなので諦めた。

店は２０１８年（平成30年）４月にオープン。この日対応してくれたお

鑁阿寺のお堀にいたカモの
親子と鯉。鯉デカイな

姉さんが社員なのかパートなのか、名前さえも聞かなかったが、明るい笑顔と受け応えは気持ちよかった。オープンの年はあやふやだったけど……ははは、まあ、玉に瑕ってことで（のちに、えみこ店長と判明。呼んであげて）。

こういう地元以外の地ではじめて入る店のとき、自分がどこを気にいるかというのは、もちろんオーダーした品がいちばん重要な要素だが、店の人も大きな要素だと思う。今回の『やきそば　しいな』のおばちゃんも『あしかが大麦餃子』のお姉さんも、そういう意味では思い出に残ってくれる〝お店の人〟だと思った。そして本書に載っているお店はすべてそういう店だと思っている。

いい人が多い。世の中、捨てたもんじゃない。

足利市駅散歩マップ

❶足利学校　[住] 栃木県足利市昌平町2338　❷めん割烹 なか川　[住] 栃木県足利市通2-2659　❸鑁阿寺　[住] 栃木県足利市家富町2220　❹籠や　[住] 栃木県足利市家富町1-25　❺太平記館　[住] 栃木県足利市伊勢町3-6-4　❻足利織姫神社　[住] 栃木県足利市西宮町3889　❼八雲神社　[住] 栃木県足利市緑町1-3776　①焼きそば しいな　[住] 栃木県足利市大町6-1　②あしかが大麦餃子　[住] 栃木県足利市緑町2-20-3

【東武宇都宮線】

東武宇都宮駅

石の採掘場跡観光を選んで正解 たっぷり楽しめた大谷散歩

東武日光線の新栃木駅から向かうと終点となるのが東武宇都宮駅。終点ということはつまり始発駅だ。電車で到着した場合はここから街へ出て行くので問題ない。しかし、街から駅へ向かった場合は多少迷うこともあるかもしれない。駅は市の中心部にある東武宇都宮百貨店の3階にあるので、「東武宇都宮駅〜、東武〜、東武?」と〝TOBU〟の文字を目印に探しているとデパートに吸い込まれてしまうのだ。まあデパートのなかを通っても駅には行けるのだが。

栃木県宇都宮市に来た。さ!　餃子を食べに行こう!!

いや、違う違う、そんなベタな展開でどうする。日帰りで散歩するんだから餃子で終わっちゃったらどうする。まずは餃子以外を楽しもう。

起点駅となる東武宇都宮駅。JRの宇都宮駅とは離れている

JR 宇都宮駅前にある餃子像。雨上がりで余計に切なさが増している

●数ある観光名所から選んだ行先は……

　宇都宮は餃子以外にも、見どころはたくさんある。例えば吊り橋を渡って宇都宮が一望できる『八幡山公園』や『宇都宮城址公園』、樹齢が約１８０年といわれるヒガンザクラがある『慈光寺』や『宇都宮二荒山《ふたあらやま》神社』、プールや温泉も楽しめる『道の駅うつのみや　ろまんちっく村』などなど。

　ただ、東京からはそれなりの距離があり、日帰り散歩としてはあれもこれもと行くわけにはいかなそう。さてどうしよう、と考えながら町をブラブラしていたらＪＲの宇都宮駅まで来てしまった。駅前には、これもまた有名になった餃子像が設置されている。〝美しい〟とか〝たくましい〟とか〝可愛い〟とか、駅前のモニュメントとしてはそのどれにも当てはまりそうもない、餃子の皮を纏ったヴィーナスの像だ。これを見て、「よし！餃子を食べよう」と思う人はいるのだろうか？　だが、これを少しだけ眺めて、行き先を決めた。餃子を食べよう！　ではなく、『大谷資料館』へ行こう！

　この餃子像は大谷《おおや》石《いし》を加工して作られている。大谷石というのは、宇都宮市の北西に位置する大谷町で採掘されていた凝灰岩《ぎょうかいがん》で、その特徴からさ

大谷資料館の受付横では大谷石のお土産も売られている

まざまな用途で重宝されていた。『大谷資料館』にはその採掘場跡が残されているのだ。

大谷石は、1500~2000万年前くらいに地表の裂け目から噴出された火山灰や砂や小石が海中で凝固して誕生したといわれている。その後、栃木県宇都宮市大谷町を中心に東西約5キロ、南北約10キロで採掘された、流紋《りゅうもん》岩《がん》質《しつ》角礫《かくれき》凝灰岩《ぎょうかいがん》の総称。

他の石材よりも軽く軟らかいため、加工しやすいのが特徴で、塀や外壁、屋根、石仏、民芸品など幅広く使われている。実際に見てもらえればわかるが、表面は実に素朴な風合いで御影石などの高級さとは違い、温かみさえ感じる。それゆえ、内装材としても人気が高い。また、耐火性が高いためかまどや七輪、石窯などにも使われている。思い返してみるとピザ窯などは確かに大谷石が多い。

●予想を超える迫力の「大谷資料館」

『大谷資料館』は東武線の東武宇都宮駅から大谷・立岩行きのバスに乗車。約20分で資料館入口バス停に到着する。大谷町に入ってしばらくするとバスのなかからも大谷石の奇岩群を左右に見ることができる。隆起した奇岩

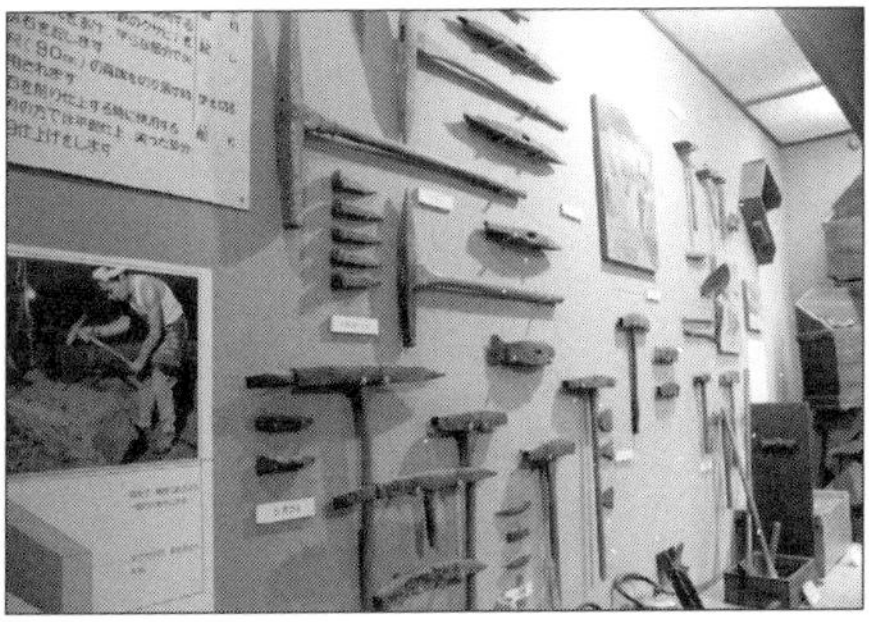

大谷資料館１階の展示室。それほど広くないが、興味深く見られた

は高さ30メートルほどもあり、表面には大小の穴がポコポコ開いていて、見たことのない迫力ある景観が楽しめる。バス停からは徒歩約5分。入口に設置してあるドリンクの自動販売機のボディが大谷石っぽくデザインされていた。みんな気づいているかな、これ。

オープンテラスがある『OYA MUSEUM ROCKSIDE MARKET』が見えてきて、その奥に『大谷資料館』がある。なんだか建物としてはそれほど大きくないので、「前評判とは異なるのか？」なんて思ってしまった。だがこれは、のちに理解するあさはかさ。

入館したらまずはチケット売り場のすぐ近くにある展示室へ入った。展示室も思った以上に小さく、なんだか意気揚揚と向かってきた出鼻を挫かれた気分にもなってしまった。だが、展示を入念に見ていくと、大谷石とはなんたるものか、どのように採掘していたのか、ということがとてもよくわかる。なんと1952年（昭和27年）に機械化が考えられて試作機が導入されるまでは手掘りでの採掘だったという。手掘り採掘では、五十石《ごとういし》（5寸×1尺×3尺＝150×300×900mm）〜六十石《ろくとういし》（180×300×900mm）を1本掘るのに3600〜4000回ほども腕を振るい、1日の採掘量はひとりあたり10〜12本だったという。本格的に機械

大谷資料館。地下の採掘場跡。階段を降りるとテンションが上がる

化される1959年（昭和34年）まで手掘採掘は行われていた。機械化後はひとりあたりで1日50本ほども加工できるようになったという。採掘道具や当時の写真もあり、時に「嘘でしょ？」と思わせられるような重労働だったことがわかる。

大理石や御影石と大谷石の違いを実際に触って感じたりして、狭いながらもじっくり時間をかけて展示室を堪能できた。

展示室から坑内入口に移動。採掘場跡へと向かう。そう、採掘場跡は地下に広がっている。つまり前述した〝あさはかさ〟はこの瞬間に判明するわけだ。長めの階段を降りると、これからまわる採掘場が高い位置から見渡せる。その時は、思わず「うわわ〜！」と声が出てしまったほど。広さと深さと美しさが急に目のなかに飛び込んできたのだ。神殿か、地下に広がる神殿なのか？　モノクロ写真では残念なので、カラー写真もぜひ見てほしい（P5）。

階段を降りて採掘場を進んでいく。途中、1体だけ採掘を再現するリアルな人形が設置されていて、それがまたいきなり進行方向左の壁の穴にいるものだから、後ろを歩いていた女子が驚きの声を上げていた。いや、そういう施設じゃないんだけどね。

人形。随所にいるのかと思ったけど、結局、このあとは人形はほとんどなかったんじゃないかな

そこから少し先にあった天井の立坑《たてこう》は、坑内の位置が地表上のどこにあるかを知る目的で上（地上）まで掘られたもの。天井に穴が開いているのだけれど、それが四角で開けられていて、途中からその四角が約45度ズレて開けられている。上と下から同時に開けたせいなのだろうか？　そのズレがこれまたなんとも不思議な美しさを感じさせる。これも人力なんだよなあと、しばし天井を見上げた。

さらに進むと広い場所へ出る。壁には採掘の跡。照明のせいもあるのか、とても神秘的だ。その雰囲気もあって、さまざまな映画やテレビ番組、ミュージックビデオのロケにも使われているらしい。各所にその案内も書かれている。もちろんそういうものに興味がある人はその点を楽しむのもいいと思う。でもここはやはり石を切り出していた当時に思いを馳せたい。

切り出した跡がステージのようになっているところでは音が大きく反響する。当然大きな声を出している人がいる。それを遠くから見てその人の声の反響具合を楽しませてもらった。

高齢の方も何人か見かけたのだが、長い階段もあるので少し心配だ。そしてなにしろ広い。広さは約2万平方メートル、深さは約30メートルで野球場がひとつ入るほどの大きさだという。途中にはアート作品の展示や結

大谷資料館横にある愛の泉。「ダジャレかよ？」とご利益を疑ってしまったから愛が育たない

婚式を挙げられる場所などもある。ロケに使われた場所をまとめて案内しているスペースもあった。

ゆっくりまわって地上へ帰還。資料館を出た。たかが採掘場跡とあなどるなかれ。行く価値大アリのスポットだ。意外とカップルが多いのも納得できる。

資料館を出ると横には「愛の泉」がある。縁結びの神様ということらしい。看板の文字をそのまま書かせてもらう。「この神様にお参りすれば固い意志で結ばれる　硬い石はDIAMOND（大谷門戸《ダイヤモンド》）大谷で結ばれたお二人の門出を祝います」とのこと。まさかのダジャレ。

書いていないが、結婚式はぜひ「大谷資料館」で、ということなのかな？お参りするのもいいが、フォトスポットとしてもなかなかいい。

●弘法大師作（？）の石仏

ここからは徒歩約10分で行ける『**大谷寺**』へ向かう。大谷寺では本尊の千手観音、『大谷観音』が見られる。大谷石の壁に彫られた高さ4メートルの千手観音像は、平安時代に弘法大師様が作ったものとも伝えられているという。はい、出ました、ここでも弘法大師。不謹慎かもしれないけど、

大谷寺。大谷石の奇岩が本堂を飲み込むような形で覆い被さっている

本当に「弘法大師はいったい何人いた？」説はあると思っていたりして。いたる所に弘法大師様が作ったものがあるのだもの。

しかし、この千手観音はもともと、岩に彫刻した表面に朱を塗り、粘土で細工と化粧をして漆を塗り、さらに表面に金箔を押していたという。これはバーミヤン石仏と共通していて、実はアフガニスタンの僧侶が彫刻したものではないかとも考えられているらしい。そっちの説に賛成。なんでもかんでも弘法大師様が作ったというのはいかがなものか。

その千手観音は本堂にあり、そこは撮影禁止。その本堂に入る前は撮影可。本堂の上にも大谷石が被さるように隆起している。いや、隆起した大谷石の下に本堂を作ったのか、弘法大師様が。

本堂前には「坂東十九番札所　日本最古の石仏　大谷観音」とある。国指定特別史跡・重要文化財だ。参拝料５００円を払って本堂に入るとガイドをしてくれる方がついてきて説明をしてくれる、まるでテープのような話し方だが。それでも石の壁に彫られた石仏群の説明などはとても助かる。「なるほど～」と思いつつ観た。石仏群も大谷石の壁に彫られたもので、釈迦三尊・薬師三尊・阿弥陀三尊の合計10躰の石仏が並んだもの。それぞれ顔が違うので、ついじっくり見てしまった。こちらも朱が塗られて

大谷寺にある宝物館横の庭園。弁財天様にお参り。白蛇はもちろん作りものです

いたりしたのだが、千手観音と同様に、現在はすっかり落ちてしまっている。いずれも色鮮やかなころに観てみたかった。この石仏群の下あたりには縄文時代の遺跡もあったらしく、本堂を出たあとに立ち寄れる宝物館には出土品などが展示されている。土器や石器を「ふ〜ん」と思って見ていたのだが、途中で少し後ずさってしまったのは、約1万1000年前の縄文最古の人骨というもの。ミイラではなく、人骨というところが生々しいのかな。20歳くらいの男性で、身長は154センチほどらしい。

宝物館を出ると、一見、庭園のようになっているところがあり、弁財天が祀られていたりする。白蛇がいた。頭を撫でると御利益があるらしい。弁財天様だから金運かな。えーと、いまのところ金運が上がってきた兆しはない。

裏手には「御止山《おとめやま》」がある。こちらも国指定文化財だ。山頂には大正天皇が参詣した記念碑がある。登ってはいないので、ある〝らしい〟と書いておく。

●廃墟ホテルも鑑賞できる「大谷公園」

さてこの近くには歩いて行ける『**大谷公園**』がある。そちらに行ってみ

平和観音像の胸の位置まで上ってみると、かなり高い。高いところは気持ちがいい

よう。

　ここもともとは大谷石の採石場だったが1956年（昭和31年）に公園としてオープン。採石場、奇岩群、石像と、大谷を象徴するものが凝縮されている。開園のきっかけとなったのが、もっとも目を引く『平和観音』像の完成だった。高さ26・93メートル（88尺8寸8分）という大きさで、戦没者の慰霊を弔い世界平和を祈念するために彫られたという。大谷石の地下採石場は戦時中は軍事工場として使われることもあり、多くの石工が兵役に就かせられ亡くなっていったことが『平和観音』制作の背景にある。

　像に向かって左に階段があり、像の顔の高さにある展望台へ行ける。観音様の横顔を近くで見ることができるし、「御止山」や、宇都宮の遠くの風景までが見渡せて気持ちがいい。

　割と近いところに、まるで大谷石が生きていて徐々に迫ってきたため飲み込まれて廃墟になってしまったかのような建物があった。「山本園大谷グランドセンター（大谷グランドホテル）」らしい。昭和の終わりごろに跡継ぎ問題で廃業したらしいが、なぜこのままで残してあるのかは謎。あまりにも見事な廃墟っぷりなので、さまざまな噂も立っているが（心霊系の）、あくまでも噂レベルらしい。でも勝手に入っちゃだめよ。

左は平和観音像の胸の位置から見えた廃墟

『大谷資料館』で日本遺産の採掘場をじっくり見たあと、宇都宮市の中心街に戻る前に軽食を食べた。

●おしゃれなカフェもいいけれど……

資料館へ向かうときに最初に目にした『**OYA MUSEUM ROCKSIDE MARKET**』。２０１６年（平成28年）におしゃれにリニューアルされたショップはたったいま見て来た地下神殿とのギャップを感じる。悪くはない。

そのリニューアルによって大きく変わったのが厨房設備の充実で、ガレットをメインにボリュームたっぷりのサンドイッチやフレンチトースト、ジェラート、フルーツアイスバー、ベイクドチーズケーキ、各種ドリンクなどがメニューに並ぶようになった。

大谷石の奇岩がそびえ立つ風景を見ながらオープンテラスで休憩した。「根菜きんぴらのチーズサンド」（６２０円）はやや食べづらいが味はよし。ガレットは「4種のきのことベーコンのバルサミコマリネ」（７２０円）をいただく。ガレットって円形に焼いたものや、その円の外周を折り曲げて四角にしたものをイメージするけど、ここのはクレープのように具

OYA MUSEUM ROCKSIDE MARKET。左写真の手前がガレット

材を巻いている。具だくさんゆえ、と思われる。こぼすことなく食べられた。おしゃれなのはとてもいいのだが、高齢の方も多いので、そちらをターゲットにしたメニューがあってもいいかもしれない。

デザートに「キャラメルナッツのフレンチトースト」でもいっちゃうか！　と迷ったが、満腹感があったので勘弁しておいた。別腹も休ませておく。

ショップには大谷石の彫刻やコースターなどのお土産もたくさん売られている。

【アナザープラン】
宇都宮はやはり餃子の街！
自分好みのお店を見つけよう

大谷石の素晴らしさと不思議さと奇妙さと温かさと美しさをたっぷり感じたので、バスで宇都宮の中心地へ戻ることにした。資料館も寺も公園もゆっくりじっくり見たのでそれなりに時間が経っていた。バスでぼんやり

今回食べた数店舗のなかでいちばん自分好みだった

と外を見ていたら餃子の店『正嗣《まさし》』が見えた。そういえば宇都宮に来ているのだった。餃子……食べぬわけにはいくまい。しかしいま通ったときにチラッと見えたが、行列ができていた。どうにも呑み食いするために行列に並ぶのは性に合わないのだが……どうしたものか。

考えていたら駅に着いた。

●なぜ宇都宮は餃子の街なのか？

さて、栃木県宇都宮市といえば、あまり来たことがない人でも「宇都宮といえば？」と聞いたらかなり高い確率で「餃子！」と答えるのではないだろうか。ちょっとひねって「宇都宮焼そば！」とか？　いや、実は宇都宮は〝餃子の町〟を謳いつつ、〝焼そばの町〟だったり〝ジャズの町〟、〝カクテルの町〟など、町おこしなのか、キャッチフレーズがいくつかあったりする。あまり知られていないかもしれないけど。

しかも餃子に関しては、ここ10年は静岡県浜松市のほうが一世帯当たりの餃子購入量で勝っている回数のほうが多いという。総務省調べらしい。なので、もしかしたら平成生まれ世代にとっては餃子の町は宇都宮ではなく浜松なのかもしれない！

1箇所で複数店舗の餃子が食べられる来らっせの常設店舗ゾーン

〝なのかもしれない！〟なんて力を込めて書いてしまったけれど、はっきり言って、どーでもいい。どーでもいいなんて書くと、宇都宮の方々が怒ってしまうか？

はじまりは総務省の家計調査の結果で宇都宮は餃子の購入量日本一！となったからなわけで、それが昭和の終わりのお話。餃子は大好きなので、いろいろなタイプの餃子のお店が密集しているのは素直に羨ましい。でも好きなだけに、66ページの『亀戸餃子』のくだりでも書いているように、それぞれの好みはある。「ここが一番！　絶対行くべき！」とは言えない。なので、宇都宮餃子に関してもあくまでも主観でお伝えしたいと思う。

●宇都宮餃子、本音の食レポ

宇都宮の餃子の店の多くは〝餃子専門店〟で、メニューは餃子（焼・水・揚など）とライスのみというところがほとんど。中華屋ではないのでラーメンやチャーハンなどは置いていない。

これは確実な情報ではないのだけれど、『大谷資料館』の帰り道に見かけた『正嗣』と『宇都宮みんみん』は地元の人たちの人気を二分しているとも言われている。〝みんみん派〟と〝正嗣派〟に分かれるとか⁉　確か

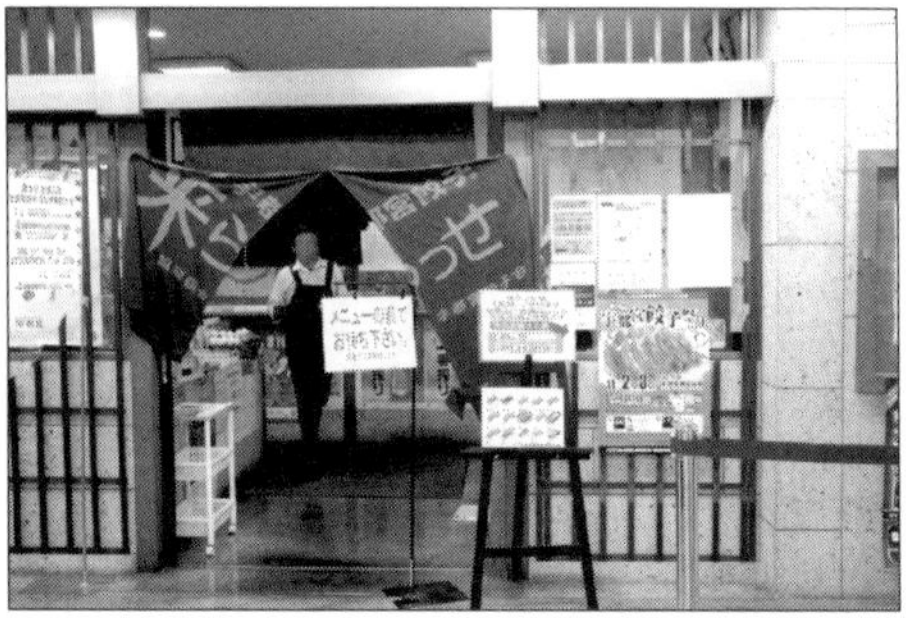

来らっせの日替わり店舗ゾーン。「盛り」は楽しめるメニューだ

にこの日も、両店ともに行列していた。

『正嗣』は行けなかったが、ほかの数店をはしごしてみた。先に結論を書いてしまおう。やはりそれぞれの店には、それぞれそれなりの特徴はあるのだが、行く店行く店でおいしさに感動しまくる、というわけではなかった。先に書いたように好みはひとそれぞれなわけで、柔らかい肉の餡もあれば野菜を感じる餡もあるし、薄皮もあれば厚めのもちもち皮もある。みんながみんなひとつの店を絶対的においしいと感じるわけではないので、ぜひ自分好みの店を見つけてほしい。まあ、そのためには各店を食べ比べなければならないのだけどね。

個人的には独自のタレやマヨネーズをつけて食べると餃子のよさが失われてしまうと思った。餃子自体がおいしいのに、おすすめの○○をつけることでその○○の味が強くなってしまうのだ。また、餡にいろいろなものを練り込むのも、その〝いろいろなもの〟の味が主張しすぎてしまって、どうも「うまい！」というよりも「むむむ」となってしまった。自分で作る場合はしその葉を入れたりチーズを入れたり五香粉《ごこうふん》を入れたりしてみるのだが、お店で食べる餃子はオーソドックスなタイプで自分好みなものがいいと再確認できた。

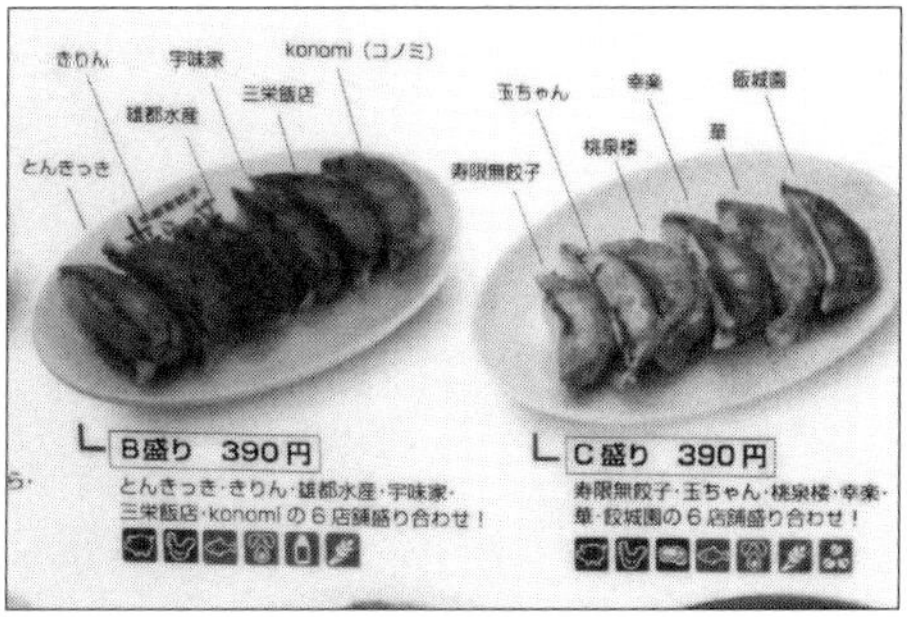

日替わり店舗ゾーンの「盛り」メニューはこんな感じ

イベント的にいろいろな味を食べ比べるのはとても楽しめるけどね。そんなイベントに最適なのが、『**来**《き》**らっせ**』という、宇都宮餃子会が運営する店舗だ。宇都宮餃子会というのは、餃子を通じて地域活性化を図り、餃子文化の普及振興を目指す協同組合。『来らっせ』はフードコートのような形でいくつかの餃子専門店の味が楽しめる。「常設店舗ゾーン」では5店舗の餃子が食べられて、「日替わり店舗ゾーン」ではなんと宇都宮餃子会に加盟している33店舗の餃子が、曜日によって日替わりで登場。5種類ある「盛り」というメニューはひと皿（6個）に複数店舗の餃子がひとつずつ載せられている。すべての組み合わせを数えると、餃子の種類は約30種弱にもなる。ここなら日帰り散歩で来ても、3皿食べれば18店舗の味が体験できることになる。個人的にはやらないけど。

しかし、やはり冒頭書いたように、これだけのお店が集まっているのは餃子好きとしては羨ましい。この「日替わり店舗ゾーン」なんて、地元にいたら結構な頻度で通ってしまうかもしれない……と思ったが、違うな、自分は好きな店が見つかったらそこばかり通うタイプだな。

東武宇都宮駅散歩マップ

❶JR 宇都宮駅　[住] 栃木県宇都宮市川向町1-23　❷大谷資料館　[住] 栃木県宇都宮市大谷町909　❸大谷寺　[住] 栃木県宇都宮市大谷町1198　❹大谷公園　[住] 宇都宮市大谷町1156-2　❺来らっせ本店　[住] 栃木県宇都宮市馬場通り2-3-12ＭＥＧＡドン・キホーテ ラパーク宇都宮店 地下１階

【東武日光線】

東武日光駅

自然も建造物もおいしいものも、歴史が深いパワースポットへ

東武日光駅。駅前にはお土産屋や食事ができる店が軒を連ねる。日光彫りの店も覗いてみたい

栃木県の北西部に位置する、日本でも有数の観光地である日光。

浅草駅から東武特急に乗車して約１２０分で東武日光駅に到着。世界遺産にも登録されている「日光東照宮」、「日光二荒山神社」、「日光山輪王寺」といった社寺のほか、「中禅寺湖」や「華厳滝《けごんのたき》」、いろは坂の「明智平」や「戦場ヶ原」、「奥日光」など行っておきたい場所はたくさんある。自然と人間が生み出した美しい景観が観賞できるエネルギーに満ちたエリアだ。

●日光の歴史を軽くおさらい

少し歴史に触れよう。

起源は勝道《しょうどう》上人が男体山《なんたいさん》の山麓に「四本龍寺《しほんりゅうじ》」を建立したことで、そ

日光開山の祖　勝道上人の像

れはなんと７６６年（天平神護2年）のこと。歴史が古い。この「四本龍寺」は現存していないため、幻の寺ともいわれている。

上人が7歳のころ夢に明星天子《みょうじょうてんし》が登場し、「仏の道を学び、日光山を開け」と告げたことに導かれたといわれている。その後、16年の歳月をかけて男体山の山頂を極めて「二荒山《ふたらさん》神社奥宮」を建立し、中腹に「神宮寺（後の中禅寺）」を建立。日光は山岳信仰の拠点となった。

多くの修験僧が入山するようになり、整備も進められた。かの弘法大師も来山したと伝えられている。

その後、もともとの山岳信仰の上に神仏習合が加わり、男体山（千手観音）、女峰山（阿弥陀如来）、太郎山（馬頭観音）の三山の神を祀る日光三所権現信仰という独特の宗教形態が広まっていった。

鎌倉幕府によって政治の中心が関東に置かれるようになって以降、日光は何度か政治的な節目を迎えることとなる。政《まつりごと》に巻き込まれることもあったが、武家や豪族たちの信仰の対象となり、幕府の庇護のもと大きな発展を遂げていく。

もっとも画期的な節目となったのは、徳川幕府によって徳川家康を神格化した東照大権現が鎮座された１６１７年（元和3年）だ。それまで山岳

日光東照宮。徳川家康の霊廟がある。三猿や想像の象などの彫り物も必見

信仰の聖地だった日光が、家康や家光の霊廟を祀ったことにより、幕府直轄の地となったのだ。

1868年（明治元年）、明治維新にまた大きな節目がやってくる。徳川幕府の崩壊と神仏分離令によって日光の大改造がはじまり、現在の観光地へと変わっていくスタートが切られた。

「**日光東照宮**」などの絢爛豪華な建造物、そして人の手が入らない美しい自然環境によって信仰とは無関係な目的を持った人々が多く訪れるようになっていった。それまで信仰上の理由で女人禁制だった奥日光も解放された。

1999年（平成11年）に前述の二社一寺が世界遺産に登録され、2005年（平成17年）には「奥日光の湿原」がラムサール条約湿地に登録された。こうして人が生み出した美しさと自然が生み出した美しさの両方が世界に認められ、日本屈指のパワースポットともいわれる観光地となったわけだ。

●日光に着いたらまずコレを食べよう

さて、日光の歴史がわかったところで実際に観に行ってほしいのだが、

上がさかえや、左が揚げゆばまんじゅう。お店の女将さんも優しくて元気

まずは東武日光駅前にオススメのものがある。

『さかえや』の店頭で売っている「揚げゆばまんじゅう」だ。日光へ来たらつい毎回買ってしまう。日光名物の湯波を使った「日光ゆばまんじゅう」という商品があり、そこに衣をつけてカラッと揚げたのが、「揚げゆばまんじゅう」だ。

ちなみに日光では「湯波」と書き、京都は「湯葉」と書く。これは単なる区別というわけではなく、製法の違いからもきている。どちらも豆乳から作るのだが、すくい上げるときに、湯葉は1枚で上げ、湯波は中央に串を挟んでふたつ折りにして2枚重ねで引き上げる。湯波は厚みがあり、弾力と食べ応えが楽しめるわけだ。

話を戻そう。「揚げゆばまんじゅう」はその場でも食べられる。揚げたものに自然塩をパラパラとかけてくれるのがミソ。ミソじゃなくて塩。そこがミソ。パクッとかじると、塩のしょっぱさを感じ、サクッとした衣を感じ、餡の優しい甘さが感じられる。絶妙なハーモニーが口のなかに広がる。保存料や防腐剤は使っていないが、持ち帰りも可。トースターで軽く温めて食べると作りたてのようなおいしさが楽しめる。

『さかえや』の並びには土産物屋も数軒ある。まだ買っちゃダメだよ。帰

神橋。結婚式で橋を渡ることもある。綺麗な橋

りに買おう。ここから歩くのだからして。

●てくてく散歩旅をスタート

駅前からはいろいろな方面へバスが出ているのだが、「日光東照宮」などへ行くのであれば、歩けない距離ではない。散歩旅だ。

駅から「**神橋**」方面へ歩きはじめ、ほどなくすると「日野屋酒店」がある。地元の人も利用する酒屋さんだ。店主自らが厳選したこだわりの日本酒を仕入れている。特に酒蔵「渡邊佐平商店」の品揃えがいい。

〝日光誉〟の焼酎も各種揃っているし、地ビールも豊富だ。

日帰り散歩旅の場合はここも帰りに買えるようならその方がいい。一泊する場合は、風呂上がりの一杯のためにここで買っていくのもいいだろう。「神橋」から先、奥日光まではコンビニなんてほぼないに等しいから。

「神橋」手前まで来たら、「**油源**《あぶらげん》」の看板を探してほしい。江戸安政6年（1859年）創業の歴史ある店で、店内で食事もできる甘味と湯波料理の店だ。店内で湯波づくしのオリジナル料理を食べるのもいいが、「油源」は東武日光駅や鬼怒川温泉駅で売られているお弁当を作っているので、帰りの特急車内で堪能するのもアリだ。ひと目見て「豪華！」と思える「ゆ

油原のお弁当。右がゆばちらし弁当で、左が元祖栃木牛めし弁当

ばちらし弁当」や栃木牛をふんだんに使用した「元祖栃木牛めし弁当」などを食べれば、散歩旅気分が持続。家に着くまでが日光旅行、と感じられる。「神橋」はただの橋ではなく、「日光二荒山神社」の一部。誰でも自由に渡れるわけではない。というか、対岸には渡れないけどね。願い事を書いて飛ばす紙飛行機があるので、興味がある人はやってみて。橋を歩くのも紙飛行機も有料。大谷川の綺麗な水の流れと真紅の橋のコントラストがとても綺麗で、誰もが写真を撮るスポットだ。

　橋の近くの信号を渡ったところに日光杉並木の終点を示す寄進碑がある。日光杉並木というのは、草加（１１７ページ）や北千住（27ページ）の散歩旅でも登場した日光街道から、日光例幣使《れいへいし》街道、会津西街道の３街道にわたって、総延長35・４キロに杉が植栽されている、ギネスブックにも載った並木道。この寄進碑は１６４８年（慶安元年）に建てられたものとのこと。意外と素通りする人が多いので、ここはひとつこだわりをもって、「ふむふむ」という顔をして見てみよう。

「日光東照宮」「日光二荒山神社」「日光山輪王寺」に関しては細かくは書かない。ポイントのみ書いておこう。

「日光山輪王寺」は前述した「四本龍寺」の御朱印がもらえる。「日光東

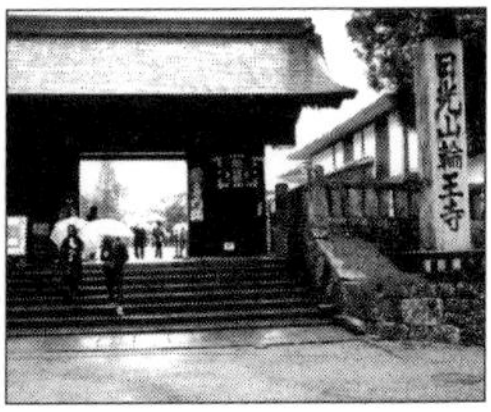

上は日光山輪王寺。左の日光二荒山神社は縁結び絵馬などもある

照宮」は徳川家康の霊廟がある。階段を上るので雪の日は気をつけて。以前雪が残っているときに革靴で上って、到着したときにはぐったりと疲れた経験がある。そのほか、すべての建造物を細かく見ることをオススメする。「日光二荒山神社」は日光山岳信仰のはじまりとなった社で、御本社のほか中宮祠や「神橋」などがある。どこもパワースポットとして大きな御利益があるとか。

二社一寺、ゆっくりとまわって見てほしい。

●日本三大名瀑を堪能

ここからいろは坂を越えるのは徒歩では無理。路線バスも走っているので乗ろう。クネクネの連続へアピンカーブは前の方の席に座ると迫力が感じられる。途中には「明智平ロープウェイ」がある。路線バスで行った場合は途中下車することになるので、1日乗車券などをうまく利用した方が出費を抑えられる。

ロープウェイで約3分、標高1373メートルの『**明智平ロープウェイ展望台**』は天気がよかったらぜひ行くべきスポット。男体山と中禅寺湖、華厳滝が一望できる大パノラマの絶景が見られる。緑が目に眩しい夏が気

明智平展望台からの眺望。右に男体山、奥に中禅寺湖、左に華厳滝が見られる

持ちいい。いろは坂のクネクネ道を走る車が小さく見える上からの眺望も楽しめる。

いろは坂を下ったら、**『華厳滝』**が近い。

日光は四十八滝《しじゅうはちたき》といわれるほど滝が多く、「華厳滝」は和歌山県の那智の滝、茨城県の袋田《ふくろだ》の滝と合わせて日本三名瀑に数えられている。

バス停から少し歩くといくつかの店が並んでいる奥に、〝華厳滝エレベーター〟と書かれた乗り場がある。エレベーターで降りると、滝を正面から見ることができるわけだ。

滝を発見したのは日光山開山の祖、勝道上人で、ここには「華厳滝」のほかにも「涅槃《ねはん》の滝」「般若滝《はんにゃのたき》」「阿含滝《あごんのたき》」「方等滝《ほうとうのたき》」がある。すべて仏典の「釈迦の五時教」から名付けられている。

滝が間近で見られるようになったのは、１９００年（明治33年）。星野五郎平という男が7年もの歳月をかけて茶屋を開いたことからはじまった。〝星野〟という名はリゾート開発に長けているのかね。

固い岩盤を掘ってエレベーターが開通したのは１９３０年（昭和5年）。エレベーターは約１００メートルを1分ほどで降下する。先ほどの「明智平」では標高１３７３メートルに昇り、今度は地下へ１００メートル降り

華厳滝。どの季節でも楽しめる壮大な滝

る。日光散歩は横移動だけでなく縦移動も激しい。

エレベーターを降りたら、夏でも15度くらいまでしか温度が上がらない冷んやりとした岩盤の地下道を通り、観瀑台へ。大量の水が97メートルという高さから落ちてくる壮大な光景は圧巻。水がスローモーションのように見えてくるし、水量が多いときはその音もかなり迫力がある。霧が濃くて見えないときもあるのだが、音だけが聞こえて、「そこに滝がある！」と感じられる。

四季によって水量や木々などで表情を変える滝、美しさも感じられる岩盤や夏の新緑、稀に見られる野生動物など、ここでの光景は網膜と心に焼きつけてほしい。

●旅の仕上げは百年ライスカレー

このあとは中禅寺湖畔を散歩してもいい。日光をリゾート地として近代化していったのは中禅寺湖畔に外国人の大使館別荘が多く建てられたことが要因として大きい。

中禅寺湖を越えて奥日光へ行くとなると、日帰り散歩旅ならそれを第一目的にして一直線に向かうべきだろう。戦場ヶ原など気持ちのいいハイキ

百年ライスカレー。金谷ホテルベーカリーのチーズが練りこまれたチーズロードというパンも人気

ングコースも多い。

今回はここから駅へ戻る。「日野屋酒店」で買い物もしたいしね。

駅まで戻らず、神橋近くでバスを降りた。「**日光金谷《かなや》ホテル**」に寄る。「日光金谷ホテル」は１８７３年（明治6年）開業の老舗高級ホテル。泊まらなくても食事ができるレストランや売店がある。こちらの名物メニューは「**百年ライスカレー**」。これは２００３年（平成15年）に大正時代のレシピが発見され、それを再現したもの。ここで食べるのがいちばんおいしいとは思うのだが、駅弁を食べたいので、今回は売店で買って帰ることにする。具材とカレーが別になっているレトルトだ。高級レトルトだ。家で食べるのが楽しみ。

駅へ向かうのだが、途中、『油源』で湯波のお土産を買い、「日野屋酒店」で地酒を買い、もう一度『さかえや』で「揚げゆばまんじゅう」を３つ買い、駅で『油源』の「ゆばちらし弁当」を買った。

特急列車に飛び乗って帰路。だが車中で弁当を食べて、まだまだ日光旅は続く。なんなら家に帰って「百年ライスカレー」を食べて、まだ日光旅を続かせることもできる。

また満腹だ。

東武日光駅散歩マップ

❶日光さかえや　揚げゆばまんじゅう本舗　［住］栃木県日光市松原町10-1　❷油源　［住］栃木県日光市上鉢石町1028-1　❸神橋　［住］栃木県日光市上鉢石町　❹日光山輪王寺　［住］栃木県日光市山内2300　❺日光東照宮　［住］栃木県日光市山内2301　❻日光二荒山神社　［住］栃木県日光市山内2307　❼明智平ロープウェイ　［住］栃木県日光市細尾深沢　❽華厳滝　［住］栃木県日光市中宮祠　❾日光金谷ホテル　［住］栃木県日光市上鉢石町1300

あとがき

全16エリア、すべて新規取材。観光名所もまわったが、ぶらぶら歩いていると街の猫と出会うことも少なくない。取材とはいえ自由な散歩でもあるので足を止めて猫を眺めてしまうこともあった。猫だけでなく、街の人と立ち話をすることもあった。散歩途中や終わり間際にはお店でひと休みをして、温かい対応をしてくれる人たちに癒されたりもした。観光旅行とは違うてくてく歩く散歩旅のよさを感じることができた。

企画が固まってから発行までの期間が長かった。

私的な事情が重なったせいもあるが、あのウイルスの影響もある。２０２０年は環境も心も身体も、これまでの人生でかつてないほどの変化に見舞われた。２０１９年からその兆候はあった。その体験はまた別の形で書き残せたらと思っている。

信じていたものに裏切られ、嘘にまみれた挙句に人が亡くなり店がなくなった。〝永遠〟なんてものはこの世界にはないことを思い知った。それでも実際に自分で見たものに嘘はないし、この散歩旅のときに入った店は確かにそこに存在していた。

もう一度行きたい街ばかりだし、実際に行くだろう。そのときに同じようにそこに存在していてほしい。〝永遠に〟とは言わない。でも変わらないでほしいという願いを持ってしまうのは、精神的な弱さなのかもしれない。

変わってしまった２０２０年の日本で、そんな弱い自分を根気よく支え、鼓舞してくれた彩図社の編集担当、権田一馬さんにはご自身も大変忙しいなか、お世話になった。

ゆるい散歩旅にぴったりなかわいらしいイラストを描いていただいたさとうみゆきさん、どうもありがとうございます。

そして取材に協力してくれた人に対しては感謝の気持ちでいっぱいだ。この場を借りてお礼を言いたい。どうもありがとうございます。


さてそんな２０２０年を越えて、権田さん、次はどこの路線を散歩旅しましょうか。

２０２１年１月　はるやまひろぶみ

文と写真
はるやまひろぶみ
猫と酒が好き。毎日泡盛をもりもり呑む。飲食店や人物取材、街歩きなどの紀行文、沖縄関連書籍の執筆を中心に活動。著書に、猫を飼っている店を呑み歩いた『猫と呑み助』（山と渓谷社）、歴史ある店を呑み歩いた『百年酒場と呼ばれ　東京呑み助散歩』（メディアパル）、共著に『新東京珍百景でチルする』（メディアパル）、『沖縄裏道 NOW ！』（双葉社）。その他、取材・インタビュー記事など。

カバー、本文イラスト：さとうみゆき

東武鉄道　てくてく日帰り散歩旅

2021年2月22日　第1刷

著　者　はるやまひろぶみ

発行人　山田有司

発行所　株式会社　彩図社
東京都豊島区南大塚 3-24-4
MTビル　〒170-0005
TEL：03-5985-8213　FAX：03-5985-8224

印刷所　シナノ印刷株式会社

URL https://www.saiz.co.jp　Twitter https://twitter.com/saiz_sha

ISBN978-4-8013-0503-8 C0026